Beate Maria Weingardt
Wer das Leben liebt, darf den Tod nicht fürchten
Frieden finden mit der eigenen Endlichkeit

Beate Maria Weingardt

Wer das Leben liebt, darf den Tod nicht fürchten

Frieden finden mit der eigenen Endlichkeit

camino.

Hinweis: Aus Gründen der leichteren Lesbarkeit erlaube ich mir, auf eine durchgehend „gendergerechte" Schreibweise zu verzichten. Ich bitte alle Leserinnen und Leser, dies *nicht* als Missachtung des weiblichen Geschlechts auszulegen – zu dem ich ja selbst gehöre.

1. Auflage 2021
© 2021 Verlag Katholisches Bibelwerk GmbH, Stuttgart
Alle Rechte vorbehalten

Für die Texte der Einheitsübersetzung der Heiligen Schrift, vollständig durchgesehene und überarbeitetet Ausgabe
© 2016 Katholische Bibelanstalt GmbH, Stuttgart
Alle Rechte vorbehalten

Umschlaggestaltung: Finken & Bumiller, Stuttgart
Umschlagmotiv: Beate Weingardt
Gestaltung und Satz: Olschewski Medien GmbH, Stuttgart
Hersteller gemäß ProdSG:
Druck und Bindung: Finidr s.r.o., Český Těšín, Tschechische Republik
Verlag: Verlag Katholische Bibelwerk GmbH, Deckerstraße 39, 70372 Stuttgart

www.bibelwerkverlag.de
ISBN 978-3-96157-162-8

Inhalt

	Einleitung	7
I.	Alles beginnt mit Vertrauen	11
II.	Von „unfassbar ausgeliefert" bis „ganz weit weg" – die Erfahrung des Todes in früheren Zeiten und heute	22
III.	Wenn Kinder und Jugendliche wissen, dass sie sterben müssen	48
IV.	Dem Himmel so nah – Wirklich? – Nahtoderlebnisse	68
V.	„… dass der Gedanke an den Tod das Leben wertvoller macht" – Konsequenzen für die Lebensgestaltung	87
VI.	Gedanken der Bibel zu Sterben, Tod und Auferstehung	114
VII.	Angst vor der Begegnung mit dem sterbenden Menschen und vor dem eigenen Sterben – Fragen und Antworten	140
VIII.	Selbstbestimmtes Sterben	171
IX.	Umgang mit Trauernden	183
	Nachwort und Dank	202
	Anmerkungen	204
	Literaturverzeichnis	214

*Für meinen Vater (1928-2017),
den ich nicht nur im Sterben bewunderte.*

Einleitung

Leben: wohl dem, dem es spendet
Freude, Kinder, täglich Brot.
Doch das Beste, was es sendet,
ist das Wissen, dass es endet,
ist der Ausgang, ist der Tod.
(Theodor Fontane)

„Doch das beste, was es sendet…". Man traut seinen Augen nicht, wenn man diese Worte liest. War Fontane (1819 – 1898) schwer krank oder depressiv, als er diese Zeilen schrieb? Keineswegs. Besser gesagt: im Gegenteil. Er war auch noch im Alter erstaunlich gesund und vital und stand auf dem Höhepunkt seines Ruhms als Schriftsteller. Wie kann es dann sein, dass er dem Tod so positiv gegenüberstand? Muss, wer das Leben liebt, vor dem Tod nicht Furcht empfinden?[1] Wie können wir also damit einverstanden sein, dass er allem ein Ende macht, was wir an Beziehungen aufgebaut haben? Vielleicht war gerade das Fontanes Geheimnis: Er ließ leise los. Er klammerte sich mit zunehmendem Alter nicht mehr so sehr an das, was das Leben gemeinhin ausfüllt und lebenswert macht. Er begann, still Abschied zu nehmen, wohlwissend, dass der Tod eines Tages kommt. Er kommt so sicher wie sonst nichts auf der Welt. Möglicherweise ist es natürlich, ja, verständlich, wenn der Mensch so lange und so entschlossen wie möglich vor dem Tod davonläuft. Viele alte Geschichten handeln von dieser Flucht – und immer haben sie die gleiche, wenig überraschende Botschaft: Zum Schluss, als sich der Flüchtende endlich in Sicherheit wähnt, läuft er dem Tod direkt in die Arme. Gerade dann, wenn er meint, gesiegt zu haben, erkennt der Mensch, dass er der Verlierer ist. Denn egal, welche Richtung er nimmt – der Tod holt ihn ein, kommt ihm zuvor, schlägt ihm ein Schnippchen. Macht ihm klar: vor mir gibt es kein Entrinnen. Die Zeit, die er vor dem Tod davongerannt – oder ausgewichen – ist, hätte der Mensch also anders nutzen können. Besser, sinnvoller, entspannter. Dazu soll dieses Buch eine Hilfe sein. Es will dem Trend zur Todesverdrängung etwas entgegensetzen, mehr noch: Es will deutlich machen, dass es sich lohnt, über den Tod nachzudenken. Nicht irgendwann, wenn man kurz davor ist – denn wann sollte das sein? Auch nicht später, sondern jetzt – mitten im Leben. Und nicht nur einmal. Sondern immer wieder.

Deshalb soll mein Buch wie ein bunter Blumenstrauß sein, dessen Reiz gerade in der Vielfalt der verschiedenen Farben und Formen der Blüten besteht. Jedes Kapitel beleuchtet das Thema von einem anderen Gesichtspunkt her; alle zusammen lassen erkennen, wie viel unterschiedliche Facetten der Tod und alles, was damit zusammenhängt, aufweist. Und so, wie jeder Blumenstrauß nur eine kleine Auswahl an verschiedenen Blumenarten vereint, so erhebt auch dieses Buch keinerlei Anspruch auf Vollständigkeit.

Das Umschlagbild verdanke ich meiner zweiten Heimat, der einsamen Bergwelt des Tessin, in der es so viele kunstvoll gebaute Treppen hinauf zu den Alpen gibt. – Ist der Tod eine Treppe, die uns nach oben führt – oder nach unten? Kommen wir dem Licht näher – oder eher der Dunkelheit? Es hängt auch von uns ab – unserem Denken und Fühlen, so meine ich. Wenn dieses Buch dazu einige Anregungen gibt, wenn es möglicherweise sogar hilft, mit Sterben und Tod bewusster, vielleicht auch etwas nüchterner als bisher umzugehen, dann hat sich meine Arbeit gelohnt – für Sie, aber gewiss auch für die Menschen, mit denen Sie in Verbindung leben, die Ihr Leben begleiten und – hoffentlich – auch bereichern.

Denn gerade beim Thema „Tod" lohnt sich – sofern man hier von Lohn reden kann – Besinnung anstatt Furcht auf jeden Fall:

- Wir profitieren viel für uns selbst, wenn wir in unserem Gefühl der Angst, so verständlich sie sein mag, nicht hängenbleiben, sondern darüber nachdenken, was uns in unserem Leben wirklich wichtig ist. Wir werden unsere Entscheidungen bewusster treffen, wir werden die Zeit, die wir haben, bewusster gestalten und manchen Moment intensiver erleben – ohne die Zukunft deswegen aus den Augen zu verlieren. Und wir werden das, was uns begegnet, es sei bedrückend oder beglückend, mit anderen Augen sehen, wenn wir über den Horizont der Gegenwart hinausschauen.

- Wir gewinnen viel für unsere wichtigsten Beziehungen, wenn wir uns klar machen, dass die Menschen, die wir lieben, nicht unendlich lange zu unserem Leben gehören. Wir können vor ihnen sterben, oder sie vor uns. Manches, was wir mit ihnen gern machen würden, müssen wir auf später verschieben, ohne Frage – doch wir sind uns bewusst, dass es auch ein „zu spät" geben könnte. Das bewahrt vor Versäumnissen und bittern Selbstvorwürfen – möglicherweise.

- Wir lernen etwas für unseren eigenen Umgang mit dem Sterben von Menschen, die uns nahestehen. Statistisch begleitet jeder Mensch im Lauf seines Lebens fünf andere Menschen aus seiner nahen Umgebung beim Sterben – oder ist damit konfrontiert, dass dieser Mensch gestorben ist. Wir gehen mit dieser Herausforderung wesentlich kompetenter um, wenn wir uns rechtzeitig mit dem Thema Sterben und Tod auseinandersetzen.

- Wir profitieren nicht zuletzt für unsere Verbindungen zu Menschen, die um einen geliebten Menschen trauern. Denn nur, wenn wir uns selbst dem Thema rückhaltlos öffnen, können wir Trauernden im wahrsten Sinn des Wortes bei-stehen, ihnen nahe sein. Andernfalls überwältigen uns Furcht, Sprachlosigkeit und der Wunsch, die Begegnung mit Trauernden zu vermeiden, weil sie uns überfordert oder Angst macht.

Ich bin überzeugt: Gerade dann, wenn etwas unabänderlich ist wie die Tatsache, dass wir sterben müssen, ist die Auseinandersetzung damit ein Weg, dieses Unabänderliche annehmen zu lernen. Es besser zu verstehen. Sich seine vielen Facetten bewusst zu machen. Darüber sprachfähig zu werden. Daraus konkrete Konsequenzen zu ziehen. Uns darauf vorzubereiten. Nicht zuletzt: unseren Frieden damit zu machen – immer wieder. Immer wieder aufs Neue. Selbstverständlich werden wir im Lauf der Jahre unterschiedlich mit dem Thema umgehen – und deshalb werden wir immer wieder neu buchstabieren lernen, was es heißt, dem Tod nicht auszuweichen.

I. Alles beginnt mit Vertrauen

Stirbt der Mensch nicht unausgesetzt jahrelang vor seinem Tode, ja seit seiner Geburt – und lebt er nicht noch nach dem Aufhören des Atmens wer weiß wie lange?
(Adalbert Stifter[2])

Plötzlich war sie da: die Angst vor dem Virus. Da hatte man noch unbekümmert Fasching gefeiert, dichtgedrängt getanzt, gesungen, gelacht. Da war man noch in froher Erwartung zum Skilaufen gefahren, hatte abends feuchtfröhlich und ausgelassen das „Après-Ski" genossen – doch kaum wieder zuhause, im gewohnten Alltag, ging es Schlag auf Schlag: Erste Infektionen wurden gemeldet. Aus den Hygieneempfehlungen, die man mehr oder weniger selbstverständlich befolgt hatte, wurden handfeste Verbote. Dann folgte der erste sogenannte „Lockdown" – zu Deutsch: „Abriegelung". Der Mensch wurde zur größten Gefahr für den Mitmenschen erklärt. Jeder konnte das Virus in sich tragen. Selbst die Menschen, die uns die Liebsten waren – alte Eltern, Enkel, Freunde –, sollten plötzlich auf Abstand gehalten, ja, gemieden werden, um sie nicht anzustecken oder von ihnen infiziert zu werden. So verständlich die Sorge war, sich vor Ansteckung zu hüten – sie zerstörte das Wichtigste, was wir im Umgang mit unseren Mitmenschen benötigen – nämlich Vertrauen. Der kanadische Psychoanalytiker Erik H. Erikson

(1902–1994), der ursprünglich aus der Schule Sigmund Freuds kam, hatte die Idee, dass unser gesamtes Leben eine Folge von Stufen ist, in denen wir eine bestimmte Form des Vertrauens erlernen sollten. Am Anfang des Lebens steht dabei das Urvertrauen: Neugeborene müssen lernen, diese Welt als einen Ort zu erfahren, an dem es wenigstens einen Menschen gibt, der es gut mit ihnen meint – dem sie bedingungslos vertrauen können.

Dieses Urvertrauen bildet das Fundament für alle weiteren Stufen, die noch folgen. Ungewöhnlich für die Stufentheorie von Erikson ist, dass sein Entwicklungsmodell mit dem Erreichen des Erwachsenenalters nicht endet. Das bedeutet: auch der alternde und alte Mensch ist geistig und seelisch noch gefordert. Doch was bedeutet „alt"? Wenn wir das „junge Alter" gegenwärtig bei etwa siebzig Jahren ansetzen und der Tatsache Rechnung tragen, dass immer mehr Menschen in unserem Land inzwischen um die hundert Jahre alt werden, so geht es um eine Lebensspanne von bis zu dreißig Jahren. In einer solch langen Zeitspanne verändert sich der Mensch noch einmal in vieler Hinsicht, deshalb muss man differenzieren. Doch eines ist auch den Etappen dieser letzten Lebensphase gemeinsam: Es gilt, sich mit den abnehmenden persönlichen Kräften, die das Lebensende immer mehr in die Nähe rücken, auseinanderzusetzen. Niemand fällt es leicht, damit fertig zu werden, dass eigene Fähigkeiten und Kompetenzen zunehmend eingeschränkt werden oder gar verlorengehen. Denn damit verbunden ist ja eine Einengung des persönlichen Spielraums, oft verbunden mit wachsender Hilfsbedürftigkeit. Hinzu kommt, dass viele gesundheitlichen Einbußen eine

Menge an „Auffangmaßnahmen" nach sich ziehen, die gemeistert werden wollen. Nicht nur Arztbesuche oder Krankenhausaufenthalte gehören dazu, sondern auch Hilfsmittel, an die man sich gewöhnen muss, beispielsweise die Benutzung eines Rollators. Auch bauliche Veränderungen müssen oft vorgenommen werden, möglicherweise steht der Umzug in eine altersgerechtere Wohnung oder ins Pflegeheim an. Hilfspersonal, an das man sich gewöhnen muss, wird mehr und mehr notwendig, um eigene Defizite aufzufangen. Der Verlust von Selbständigkeit und Freiheit, verbunden mit dem Wegfall von Aufgaben und Rollen, die man spielte, ist eine enorme Herausforderung an die psychische Belastbarkeit des alten Menschen. Hinzu kommt, dass mit fortschreitendem Alter auch immer mehr liebgewonnene Kontakte und Menschen verloren gehen. Familienmitglieder sterben ebenso wie alte Freunde und Bekannte. Dadurch verringern sich die sozialen Kontakte, wodurch Zeiten des Alleinseins immer mehr zunehmen. Besonders für alte Menschen in Pflegeheimen war es deshalb schlimm, als während der Corona-Krise im Frühjahr und Sommer 2020 nicht einmal engste Angehörige mehr zu ihnen kommen durften. Denn die Abwechslung, die ein Besuch mit sich bringt, verbunden mit Signalen der Wertschätzung sowie geistiger Anregung, kann gerade bei hochbetagten Menschen in ihrer Bedeutsamkeit nicht hoch genug eingeschätzt werden.

Doch eine weitere Frage stellt sich laut Erikson für den Menschen, der auf sein Lebensende zugeht: Vermag er es, rückblickend das eigene Leben mit all seinen Höhen und Tiefen, seinen Erfolgen und seinem Scheitern zu akzeptieren? Vermag er es, ein Ja dazu zu finden, wie es verlaufen ist – sich damit zu versöhnen? Erikson sieht es als unbedingt erforderlich an, zu einer Haltung zu finden, in der man sagen kann: „Es war gut so!" Eine solche Lebensbilanz bedeutet keineswegs, dass man eigene Fehler oder Schuld verdrängt, dass man Misserfolge beschönigt und Versäumtes bagatellisiert. Ganz im Gegenteil – ein ehrliches „Ja" im Rückblick auf das eigene Leben setzt sehr viel Vertrauen voraus: das Vertrauen, dass es *trotz allem* gut war. Denn gut bedeutet ja nicht unbedingt „positiv" oder „angenehm", geschweige denn: „nach Wunsch gelaufen". Gut bedeutet: Es ist in Ordnung! Gut bedeutet, dass man *trotz allem* zufrieden ist – zufrieden sein darf. Zufrieden mit dem Leben und damit auch mit sich selbst. Zufrieden, das heißt: *in Frieden* mit dem eigenen Wesen und all dem, was an Aktivitäten, Unterlassungen und Entscheidungen daraus entstanden ist.

Im Grunde ist, so gesehen, am Ende des Lebens wieder jenes „Urvertrauen" des Säuglings gefragt, das auch am Anfang stand – stehen sollte. Wem diese Bejahung des unwiderruflich Vergangenen nicht gelingt, dem droht, so Erikson, eine innere Verfassung, die er mit dem prägnanten Begriff „Verzweiflung" beschrieb und die man auch als ein „Hadern ohne Ende" charakterisieren könnte. Der geläufigere Ausdruck dafür scheint mir „Verbitterung" zu sein. – Doch wie schwer diese Auseinandersetzung, aber auch Aussöhnung mit der eigenen Vergangenheit sein kann, deutet ein Gedicht an, das Johann Wolfgang von Goethe dreieinhalb Jahre vor seinem Tod schrieb:

Willst du dir ein gut Leben zimmern,
musst um's Vergangne dich nicht bekümmern,
und wäre dir auch was verloren,
erweise dich wie neu geboren.
Was jeder Tag will? Sollst du fragen.
Was jeder Tag will, wird er sagen!
Musst dich an eignem Tun ergötzen,
was Andre tun, das wirst du schätzen,
besonders keinen Menschen hassen,
und das Übrige Gott überlassen.[3]

Dieses Gedicht wirkt wie eine Anleitung für ein gelingendes Leben. Auffallend ist, dass die Anleitung mit dem Blick auf die Vergangenheit beginnt – es zeigt, dass sich der damals 79jährige Goethe intensiv mit seinem eigenen langen und ereignisreichen Leben beschäftigt hat. In der Tat brachte schon die Arbeit an seinem stark autobiographisch gefärbten Werk „Dichtung und Wahrheit" die bewusste Konzentration auf die eigene Biographie mit sich.

Seine Anweisung zu Beginn – „*... musst um's Vergangne dich nicht bekümmern*" – verdient eine genaue Betrachtung. Goethe, ein Meister sprachlicher Präzision, empfiehlt keineswegs, dass man sich um die Vergangenheit *nicht kümmern* soll. Dies würde bedeuten: Ignoriere sie, setze dich mit dem, was war, nicht auseinander. Darum geht es ihm nicht. Stattdessen benutzt er das Wort „*sich bekümmern*", das wörtlich bedeutet: sich Kummer bereiten. Auch im heutigen Deutsch wird fein unterschieden: „Sich um etwas kümmern" besagt, dass man sich einer Sache annimmt, für sie Sorge trägt. Wohingegen die Aussage „Das bekümmert mich nicht!" signalisiert: „Das macht mir keinen Kummer, es bereitet mir keinen Schmerz." Darum geht es also Goethe: um ein Bejahen des Vergangenen, damit man nicht nachträglich noch daran leidet. Auch er kannte ja Verluste vielfacher Art, man denke nur an den frühen Verlust seiner einzigen Schwester, an den Verlust seiner Frau Christiane im Jahr 1816 oder, elf Jahre davor, an den Verlust seines Dichterfreundes Friedrich von Schiller, mit dem ihm, wie er einem Freund schrieb, „die Hälfte meines Daseins" verloren gegangen war. Doch Goethe war trotz aller Verluste daran gelegen, sich in der Trauer nicht selbst verloren zu gehen, sondern sich „wie neu geboren" zu erweisen. Das erscheint mir ein utopisches Ziel, doch es zeigt, wie entschlossen er in seinem Streben war, am eigenen guten Leben „zu zimmern". Er fand die Werkzeuge dazu in einer entschiedenen Hinwendung zur Gegenwart, zum Leben „von Tag zu Tag" – wohl ahnend, dass es nicht mehr allzu viele neue Tage geben würde. Enorm wichtig war ihm, immerfort geistig beschäftigt zu sein und Freude an dem zu haben, womit er umging. Denn auch für ihn stellte sich die Herausforderung, dem enger gewordenen eigenen Radius immer noch Schönes sowie geistig Anregendes abzugewinnen.

Abschließend nimmt das Gedicht direkten Bezug auf die Erikson'sche Entwicklungsaufgabe des letzten Lebensabschnitts, die Erikson mit dem sperrigen Begriff „Ich-Integrität" überschrieb. Das Wort „Integrität" bedeutet „Makellosigkeit, Unbescholtenheit". Gemeint ist, dass man, um mit sich und der eigenen Biographie im Reinen zu sein, eine akzeptierende Einstellung zu sich selbst und

dem gelebten Leben gewinnen sollte – auch wenn nicht alles so lief, wie man es sich gewünscht hätte.
Zur Versöhnung mit der eigenen Vergangenheit gehört aber auch die Versöhnung mit der Erfahrung, dass Menschen uns tief verletzten. Denn verletzende Erfahrungen vielfältiger Art gehören zum Menschsein von der Kindheit bis zum Tod unweigerlich dazu. Menschen enttäuschen uns, nutzen unser Vertrauen aus, werden unseren Erwartungen nicht gerecht, missachten unsere Rechte oder Gefühle. Menschen übervorteilen uns, verwirklichen eigene Ziele auf unsere Kosten, behandeln uns ohne Respekt und Wertschätzung, ohne Rücksicht und Fairness. Der Möglichkeiten, verletzt zu werden, sind unendlich viele, wie ich in meinem Buch „Das verzeih' ich dir nie"[4] beschrieben habe. Und allen Kränkungen ist gemeinsam, dass sie Gefühle von Verstörung, Ärger, Wut und Traurigkeit auslösen.

Auch Goethe kannte solche Empfindungen, doch er schließt sein Gedicht mit zwei überraschend eindeutigen Empfehlungen. Die erste lautet: „Besonders keinen Menschen hassen!" Dies gelingt nur dann, wenn man sich von Groll und Bitterkeit energisch verabschiedet – am besten durch die Entscheidung zur Vergebung. Denn nur auf diese Weise kann man in Frieden kommen mit dem Vergangenen, kann „es gut sein lassen", auch wenn man allen Grund zu Groll und Bitterkeit hätte. Die zweite Empfehlung Goethes weist über das individuelle Vermögen, sich „ein gut Leben zu zimmern" deutlich hinaus. Er schließt mit den Worten: „... und das Übrige Gott überlassen." Damit deutet der altgewordene und lebenskluge Dichter

an, dass es in jeder Biographie Umstände und Erfahrungen, Entwicklungen und schicksalhafte Wendungen gibt, die vom Einzelnen nicht zu kontrollieren waren oder sind. Wer dies akzeptieren kann im Vertrauen darauf, dass eine höhere Macht am eigenen Schicksal sozusagen tätig mitwirkt, dem gelingt das, was in der Psychologie auch als „Kohärenz-Gefühl" bezeichnet wird. Es ist die Überzeugung, dass sich auch im Gewebe des eigenen „Lebensteppichs" schlussendlich so etwas wie ein sinnvolles Muster erkennen lässt. Dass, anders gesagt, auch dieses Gewebe, das aus der Nähe möglicherweise wie ein Flickenteppich aussieht, aus der richtigen Entfernung betrachtet doch ein einzigartiges „Kunstwerk" ist, das es kein zweites Mal auf der Welt gibt.
Das Vertrauen, das notwendig ist, um rückblickend das eigene Schicksal auf diese Weise zu sehen, wurde von dem 126 Jahre nach Goethe geborenen Dichter Rainer Maria Rilke (1875–1926) in ganz andere, doch ebenso eindringliche Worte gefasst:

Wer seines Lebens viele Widersinne
versöhnt und dankbar in ein Sinnbild fasst,
der drängt
die Lärmenden aus dem Palast,
wird anders festlich, und du bist der Gast,
den er an sanften Abenden empfängt.

Du bist der Zweite seiner Einsamkeit,
die ruhige Mitte seinen Monologen;
und jeder Kreis, um dich gezogen,
spannt ihm den Zirkel aus der Zeit.

Rilke knüpft direkt an die Erfahrung an, im Verlauf des eigenen Schicksals neben vielem Sinnvollen auch manch „Widersinniges" durchmachen zu müssen oder zu erleben. Manchem erscheint möglicherweise das Widersinnige sogar mächtiger gewesen zu sein als alles Sinnerfüllte. Doch wie das Verhältnis von Sinnigem und Widersinnigem auch sei – Rilke benennt mit zwei eindeutigen Worten das Ziel jeder Lebensrückschau. *„Versöhnt und dankbar"* sollte der Blick auf das eigene Schicksal sein. Denn nur in dieser Haltung kann das Kunstwerk gelingen, „seines Lebens viele Widersinne" in ein dennoch gelingendes Sinn-Bild zu ordnen. Allerdings bringt Rilke im Gegensatz zu Goethe nicht erst am Schluss, sondern schon zu Beginn jenes „Du" ins Spiel, dem alle Gedichte in dem Band „Das Stunden-Buch"[5] gewidmet sind. Rilke zieht die unbestimmte Anrede „Du" dem allzu bestimmten Wort „Gott" vor. Präzise benennt er in seinem Gedicht jedoch die Voraussetzungen, derer es bedarf, um aus vielem scheinbar Sinnlosen ein trotz allem sinnvolles Ganzes zu formen: Es sind die Stille und das Alleinsein, welche die Zwiesprache mit Gott ermöglichen. Durch diese Zwiesprache, in der Gott „die ruhige Mitte" ist, um welche die Monologe kreisen, durchbricht der innerlich Sprechende jenes gefährliche Eingeschlossensein in die eigenen Gedanken, das – möglicherweise – zu immer den gleichen unfruchtbaren Resultaten führt. Rilke deutet an, dass der Blick auf das gelebte Dasein in der Gegenwart eines göttlichen Gegenübers eine andere Haltung ermöglicht: *„versöhnt und dankbar"*. Sein letzter Satz verspricht, so könnte man ihn verstehen, dass diese Art von Lebensbetrachtung in eine gewisse Zeitüberlegenheit führt. Was zählt, ist das Gesamte, die Summe.

Sich mit Erlebtem und Erlittenem zu versöhnen und für Erfahrenes und Widerfahrenes dankbar zu sein – diese beiden Aufgaben benennen sowohl Goethe als auch Rilke als die Herausforderungen des Lebens.
Kann man das, was beide uns nahelegen, auch einfacher formulieren? Der Dichter Wilhelm Busch (1832–1908) hat es versucht:

Hass, als minus und vergebens,
wird vom Leben abgeschrieben.
Positiv im Buch des Lebens
steht verzeichnet nur das Lieben.
Ob ein Minus oder Plus
uns verblieben, zeigt der Schluss.[6]

Busch appelliert nicht wie Goethe und Rilke an den Willen und die eigenen Gestaltungskräfte des Menschen. Er gibt lediglich einen Hinweis darauf, wie es gelingen kann, dass am Ende des Lebens ein deutliches „Plus" steht im Sinn eines „Ja zum gewesenen und gewordenen Leben". Die Fähigkeit, den Mitmenschen zu lieben anstatt zu hassen ist aus Buschs Sicht der Schlüssel. Liebe kann hier allerdings nicht als spontanes Gefühl verstanden werden, denn zu Gefühlen kann man sich nicht entscheiden. Stattdessen besteht die „Kunst des Liebens" (um eines der bekanntesten Bücher von Erich Fromm zu zitieren) darin, dem Nächsten mit einer Haltung der bejahenden Wertschätzung zu begegnen.[7] Sie ist sehr wohl auch eine Frage des Willens.

Fazit:

Was Erikson mit seiner Entwicklungstheorie erkannt und benannt hat, ist sehr wesentlich: Fundament unseres Lebens ist das Vertrauen – nicht nur in die Menschen, denen wir das Leben verdanken, nicht nur in uns selbst und unsere Fähigkeiten, nicht nur in ausgewählte Mitmenschen. Das alles ist notwendig, doch es reicht nicht aus. Auch das Vertrauen in einen tieferen Sinn dessen, was geschah und geschieht, gehört dazu. Dann allerdings kann es gelingen – das Kunstwerk, das eigene Leben auch dort in seinen Wendungen und Wandlungen anzunehmen, wo es sich dem eigenen Zugriff entzog oder entzieht.

II. Von „unfassbar ausgeliefert" bis „ganz weit weg" – die Erfahrung des Todes in früherer Zeit und heute

*Ich lege mich nie zu Bette, ohne zu bedenken,
dass ich vielleicht, (so jung als ich bin)
den andern Tag nicht mehr sein werde…*
(Wolfgang Amadeus Mozart[8])

Unfassbar ausgeliefert

Es wäre ein eigenes Buch wert, davon zu erzählen und darüber nachzudenken, wie unvorstellbar dem Tod ausgeliefert die Menschen fast überall auf der Welt bis vor wenigen Jahrzehnten noch waren. Auch hierzulande liegen diese Zeiten noch nicht allzu lange zurück. Ich kann an dieser Stelle nur einige Schlaglichter werfen.

Man muss nur einmal eine der vielen Burgen oder Burgruinen hierzulande besucht und sich mit ihrer Geschichte näher befasst haben, um eine Ahnung vom harten und gefährlichen Leben ihrer Bewohner zu bekommen.

Zunächst fällt die unbequeme Lage auf: Burgen wurden auf möglichst schwer zugänglichen Bergspornen oder Erhebungen gebaut. Dahinter stand nichts anderes als die Angst vor dem Feind, der aus den verschiedenen Anlässen anrücken und das Leben bedrohen konnte. Gleichgültig, ob es sich bei dessen Herannahen um einen Beutezug, einen religiös motivierten Konflikt, einen Rachefeldzug, einen Gebietsanspruch oder um einen brutalen Eroberungskrieg handelte, immer war das Leben der Burgbewohner vom Tod bedroht (erst recht galt dies natürlich für die Bewohner der Siedlungen in den Niederungen). In vielen gut erhaltenen Burganlagen erkennt man, wie sehr die Menschen einstmals der Kälte ausgesetzt waren. Dicke Mauern, die sich nur schwer erwärmten, sowie Öfen, die nur wenige Räume im Winter beheizten, bedeuteten ein Frieren und Frösteln ohne Ende! Der Tod durch Infektionskrankheiten war eine allgegenwärtige Gefahr und hatte leichtes Spiel.

Doch die Witterung war nicht nur in der kalten Jahreszeit ein Problem – sie entschied Jahr für Jahr auch über die Ernteerträge und damit über die Ernährungslage der Menschen. Wer erinnert sich beispielsweise noch, dass das Jahr 1816 als „Jahr ohne Sommer" in die Geschichte einging? Grund war ein gigantischer Ausbruch des Vulkans Tambora in Indonesien. Er tötete im näheren Umkreis an die 100.000 Menschen und spie eine Aschenwolke in die Atmosphäre, die, von starken Winden angetrieben, bis Europa und Nordamerika gelangte. Sie bewirkte in weiten Teilen der nördlichen Erdhalbkugel zwei kalte Jahre mit vollkommen ausgefallenen oder sehr schlechten Ernten, denen eine Hungersnot folgte. Die Aschewolke verhinderte, dass die Sonne durchdrang, so dass keine Saat aufgehen konnte. Die Menschen ernährten sich teilweise von Wurzeln und mischten gemahlene Baumrinde ins Brot; doch viele verhungerten auch. Umfangreiche Lebensmittelimporte aus Ländern, die nicht von der Katastrophe betroffen waren, waren zu damaliger Zeit außerhalb der menschlichen Möglichkeiten. Davon abgesehen: Wer hätte sie bezahlen können?[9]

Eine mangelhafte oder einseitige Ernährung war in früheren Zeiten ein ständiges Gesundheitsrisiko für weite Teile der Bevölkerung. Ganz zu schweigen von den Gefahren durch verdorbene Nahrungsmittel, keimbelastetes Wasser usw. Dazu ein Beispiel: Es war der Arzt und Dichter Justinus Kerner,[10] der von 1815 bis 1819 in Gaildorf tätig war und einige Jahre später zwei aufsehenerregende Schriften über die von ihm entdeckte Krankheit „Botulismus" veröffentlichte. In jahrelanger Forschungsarbeit hatte er 230 Fälle dieser oft zum Tode führenden Vergiftung gesammelt. Der Stand der Forschung erlaubte ihm eine höchst präzise Beschreibung des Verlaufs der Krankheit, wobei er sogar vor einem lebensgefährlichen Selbstversuch nicht zurückschreckte. Seine Veröffentlichungen brachten ihm hohe Anerkennung in der medizinischen Fachwelt ein. Doch die eigentliche Ursache, nämlich das Bakterium, welches das hochgiftige „Botulinumtoxin" produziert, das die Symptome hervorrief, konnte mit der Medizintechnik des angehenden 19. Jahrhunderts unmöglich entschlüsselt werden – siebzig Jahre später war die Forschung erst so weit.[11]

Wie vielen schlimmen Naturkatastrophen waren die Menschen früher relativ wehrlos ausgeliefert, ganz zu schweigen von den durch menschliches Versagen verursachten Unglücken wie Feuersbrünste, in denen unzählige Menschen ihr Hab und Gut oder gar ihr Leben verloren! Nicht zu vergessen sind die unzähligen kleinen und

großen Kriege, denen die Menschen ausgeliefert waren. Der häufigste Grund jedoch, weshalb die Menschen früherer Zeiten in für uns heute kaum mehr vorstellbarem Ausmaß unablässig vom Tod bedroht waren, lag in den fehlenden Heilmitteln und Behandlungsmöglichkeiten bei Seuchen und Erkrankungen.
Versuche, körperliches Leid zu mildern und Krankheiten zu heilen, gab es schon immer, selbst aus der Steinzeit sind sie zwischenzeitlich dank entsprechender Knochen- und Schädelfunde überliefert. Schon unsere frühen Vorfahren wollten sich mit Schmerz und körperlichen Beeinträchtigungen sowie Verletzungen und Leiden nicht einfach abfinden und waren äußerst erfinderisch in ihren Versuchen, Abhilfe zu schaffen. Allerdings müssen diese Heilversuche, beispielsweise chirurgische Eingriffe, oft mit höllischen Schmerzen verbunden gewesen sein. Aber auch chronisch Kranke oder Behinderte wurden, so lässt sich rekonstruieren, nicht einfach im Stich gelassen, sondern betreut und gepflegt, wie Knochenfunde beweisen. Und je entwickelter eine Kultur war, desto mehr versuchte sie auch, medizinisches Wissen zu erwerben und anzuwenden. Schon im Reich der Pharaonen im alten Ägypten gab es beispielsweise Spezialisten für „Augenheilkunde", deren Wissen und Können von Generation zu Generation weitergegeben und verfeinert wurde!
All diese Kenntnisse änderten jedoch nichts daran, dass die Mehrzahl der Menschen schon bei – aus heutiger Sicht – banalen gesundheitlichen Problemen schlichtweg hilflos war. Mit der Folge, dass junge und alte Menschen an Krankheiten starben, die heute mit wenigen Maßnahmen oder Heilmitteln behandel- und heilbar sind. Zumindest,

wenn man in einem jener wohlhabenden Länder lebt, die ein hochentwickeltes, allen Menschen zur Verfügung stehendes Gesundheitssystem besitzen.

Eine weitere ständige Todesgefahr in früherer Zeit waren Schwangerschaften. Nicht nur, weil es während der Geburt zu zahlreichen Komplikationen kommen konnte, die häufig mit dem Tod endeten. Unzählige Frauen starben auch *nach* der Geburt eines Kindes aus verschiedenen Gründen.[12] Eine weitere konstante Bedrohung für die Menschen bildeten Seuchen und Epidemien. Spätestens seitdem sich der „Jäger und Sammler" zum „Ackerbauern" mit festem Wohnsitz und größeren Siedlungen weiterentwickelt hatte, musste er einen hohen Preis für seine neue, in mancher Hinsicht vorteilhafte Lebensweise bezahlen. Durch das enge Zusammenleben mit Haustieren hatten Viren und Bakterien leichtes Spiel, auf den Menschen übertragen zu werden und Krankheiten auszulösen – Krankheiten, die hochansteckend waren. Das immer dichter und enger werdende Zusammenleben in den Städten und Häusern trug einen weiteren Teil dazu bei, dass sich Seuchen leicht ausbreiten konnten. Ganz zu schweigen von den oft unvorstellbar primitiven hygienischen Verhältnissen, in denen die Menschen leben mussten. Man denke an fehlendes sauberes Wasser, fehlende Sanitäreinrichtungen, fehlende Bademöglichkeiten, fehlende Bekämpfungsmittel gegen Ungeziefer und vieles mehr.

Zahlreiche dieser geschilderten Mängel sind auch heute noch in Ländern der dritten Welt oder in sogenannten Armenvierteln für Millionen von Menschen normaler Alltag, weshalb dort die durchschnittliche Lebenserwartung oft nur halb so hoch ist wie im vergleichsweise wohlsituierten Europa.

Eine Ahnung davon, wie hilflos die Menschen in der Vergangenheit dem Tod ausgeliefert waren, liefert das sehr sorgfältig recherchierte Buch „Grippe, Pest und Cholera" des Medizinhistorikers Manfred Vasold. Am Beispiel der Cholera schildert er in seiner Einleitung die frühere Situation: „Noch im 19. Jahrhundert haben Seuchen die Deutschen in schwere Not gebracht, als ganz neue, unbekannte Infektionskrankheiten auftraten, so die ‚Cholera asiatica', die erstmals 1831 in Mitteleuropa ausbrach. Man hatte ihr Heranrücken aus dem fernen Indien jahrelang beobachtet, ohne ihr Einhalt gebieten zu können. Heute werden neue Infektionskrankheiten in der Regel binnen weniger Jahre entschlüsselt; aber im 19. Jahrhundert dauerte es 50 Jahre, bevor Robert Koch den Choleraerreger entdeckte. Inzwischen waren in Mitteleuropa Hunderttausende an dieser neuen Krankheit gestorben..."[13] Auch die sogenannte „Spanische Grippe", von Influenzaerregern ausgelöst, löschte in kurzer Zeit eine enorme Zahl von Menschenleben aus: „Eine schwere Influenzaepidemie... fegte im letzten Jahr des Ersten Weltkrieges, 1918, über den Globus. Sie tötete binnen weniger Monate weitaus mehr Menschen als der Krieg im Verlauf von vier Jahren: Der Weltkrieg kostete achteinhalb bis zehn Millionen Menschenleben, der Grippe erlagen neuesten Schätzungen zufolge weltweit 25 bis 40 Millionen Menschen, vielleicht sogar noch mehr..."[14]

Nicht zuletzt waren die Menschen bei vielen gefährlichen Berufen und Tätigkeiten vom Tod bedroht, denn Schutzmöglichkeiten waren oft kaum vorhanden. So gibt es aus meiner Tessiner Wahlheimat einige biographische Erzählungen, die anschaulich schildern, wie häufig die Bewohner der Gebirgstäler im Lauf ihres oft kurzen Lebens durch Unfälle und Abstürze in den steilen Bergen ums Leben kamen.

Plinio Martini (1923–1979), der aus dem Tessiner Dorf Cavergno[15] stammt, lässt in seinem Roman „Nicht Anfang und nicht Ende" einen Bewohner dieser Gegend die Toten und Verletzten aus der Familie seiner Mutter aufzählen: *„Also vom Jahr neunzig[16] an, falls ich mich an alle erinnere: Camillo, mit dreizehn Jahren von einem Bergrutsch verschüttet; zwei Jungen im Lago Bianco verschwunden, obwohl euer Großvater sogar ein Boot hinaufgeschleppt hat, um zu versuchen, die Leichen aus dem Sandgrund herauszuholen. Assunta, auf dem Ponte Lotto ausgerutscht, kann sich von da an nur auf zwei Krücken fortschleppen. Claudina, nach einem Absturz über Someo gelähmt. Ersilia, in den Fluss gefallen und auch irgendwie behindert, so dass sie in ihrer Unbeholfenheit einen Kessel mit kochender Lauge umwarf und nach drei Tagen unter entsetzlichen Qualen zugrunde ging. Maria, mit vierundzwanzig Jahren in eine Gletscherspalte gestürzt, holt sich dabei eine tödliche Lungenentzündung. Dazu noch Giuseppe, von dem man nicht weiß, ob er in Kalifornien[17] ermordet wurde oder eines natürlichen Todes starb; Veronica, die als kleines Kind vom Hochwasser der Bavona fortgerissen wurde..."*[18]

Doch auch hierzulande war es keineswegs selbstverständlich, ein hohes Lebensalter zu erreichen, denn die Kindersterblichkeit war bis ins 20. Jahrhundert hinein sehr hoch. Zwischen 1800 und 1900 wurden im Deutschen Reich mehr als 100 Millionen Kinder geboren, also rund eine Million Babys im Jahr. Jedes fünfte davon starb schon im ersten Lebensjahr!

Werfen wir einen Blick auf die Familie Goethes. Sein Vater, der zu den ausgesprochen wohlhabenden Bürgern Frankfurts gehörte, heiratete als 38jähriger die 17jährige Catherina Elisabeth Textor (1731–1808). Sie gebar ihm sechs Kinder, von denen vier im Säuglings- oder Kindesalter starben. Lediglich der Erstgeborene, Johann Wolfgang (1749–1832), und seine ein Jahr später geborene Schwester Cornelia (1750–1777) erreichten das Erwachsenenalter. Goethe selbst zeugte mit seiner späteren Ehefrau Christiane Vulpius (1765–1816) fünf Kinder, von denen jedoch nur der Erstgeborene August (1789–1830) überlebte. Der Grund dafür war, so wird vermutet, eine sogenannte Rhesus-Unverträglichkeit, die man bei Schwangeren heute früh erkennen und medizinisch behandeln kann. Goethe und seine Frau hingegen hatten nicht die geringste Ahnung, weshalb ihre Kinder keine Überlebenschance hatten – kein Arzt konnte es ihnen sagen, und erst recht konnte keiner vorbeugend etwas dagegen tun.

Wie aber sah es mit der Lebenserwartung der Erwachsenen aus? Der Stammbaum meiner Mutter (geboren 1935 auf der Schwäbischen Alb), den einer meiner Brüder über mehrere Generationen bis um die Mitte des 18. Jahrhunderts zurückverfolgte, umfasst bis zur Generation meiner

Großeltern mütterlicherseits insgesamt zweiundsechzig Namen von Männern und Frauen. Bei neunundfünfzig von ihnen ist dank der akribischen kirchlichen Aufzeichnungen das Datum von Geburt und Tod bekannt. Schaut man sich die Lebensdauer der Männer an, so wurden von 29 Männern gerade einmal sechs Männer, das heißt rund *ein Fünftel*, älter als 80 Jahre. Mehr als *ein Drittel* der Männer starb vor dem 60. Geburtstag. Bei den Frauen war die Lage noch bescheidener: von 29 Frauen wurden gerade einmal vier, d.h. ungefähr *ein Siebtel* älter als 80 Jahre. 12 Frauen, das sind gut *zwei Fünftel* (ca. 40 %), starben vor dem 60. Geburtstag. Meine Großmutter (1898–1988) war die erste und einzige von allen Frauen, die den 90. Geburtstag feiern durfte.

Bei den Männern ein Fünftel, bei den Frauen ein knappes Siebtel, das 80 Jahre und älter wurde – was heute als „normale durchschnittliche Lebenserwartung" in Deutschland gilt, nämlich rund 81 Jahre, blieb noch vor wenigen Generationen hierzulande nur einer Minderheit vergönnt. Wobei die Lebenserwartung im Stammbaum meiner mütterlichen Vorfahren im Lauf der Zeit keineswegs immer mehr anstieg. Im Gegenteil: *Beide Großmütter* meiner Mutter sind noch mit 49 respektive 50 Jahren gestorben. Die eine im Jahr 1908, die andere im Jahr 1920. Womit deutlich wird, dass die entscheidenden Fortschritte in der Medizin, die in vielen Fällen ein langes Leben trotz mancher Vorerkrankung ermöglichen, erst in der zweiten Hälfte des 20. Jahrhunderts eine breitere Wirkung zu entfalten begannen.

Woran mögen all diese schon erwachsenen Vorfahren gestorben sein, die, verstreut auf einige Dörfer der Schwäbischen Alb, vorwiegend in der Landwirtschaft tätig waren? Leider sind keine Todesursachen verzeichnet, lediglich der Sterbeort wurde registriert, der in sämtlichen Fällen mit dem Wohnort identisch war. Was allerdings nichts darüber aussagt, ob jemand bei der Arbeit, unterwegs oder daheim sein Leben beendete. Gestorben wurde vermutlich aufgrund von Unglücksfällen oder Krankheiten – und im „Idealfall" an schlichter Altersschwäche.

Doch was immer die Anlässe eines relativ frühen Todes waren – wir können mit Fug und Recht davon ausgehen, dass die gleichen Anlässe heute in der Mehrheit der Fälle nicht mehr zum Tod führen würden. Man mache sich nur einmal klar, welche Fortschritte im Rettungswesen, in der Medizintechnik, der Arzneimittelheilkunde, den Operationsmöglichkeiten und -techniken allein in den letzten Jahrzehnten zu verzeichnen sind. Dank dieser Fortschritte sind die Möglichkeiten, trotz unheilbarer Krankheit noch viele Jahre mithilfe der ärztlichen Kunst am Leben gehalten zu werden, enorm gewachsen. Und damit nicht genug – es wird unablässig daran gearbeitet und weltweit geforscht, uns mit einer noch höheren Lebenserwartung sowie mit noch mehr lebenserhaltenden medizinischen Maßnahmen zu „beglücken".[19]
Unumgänglich ist im Gegensatz dazu die Erkenntnis, dass die Menschen bis zur Generation meiner Urgroßeltern im Umgang mit dem Thema „Sterben und Tod" wenig Spielraum hatten: Sie mussten damit rechnen, jederzeit, unversehens und rasch aus dem Leben gerissen zu werden.

Ein Beispiel dafür ist der schwäbische Dichter Wilhelm Hauff (1802–1827). Ihm gelang, was nur wenigen Schriftstellern gelingt: Er wurde schon in jungen Jahren durch seinen ganz eigenen Stil des Abenteuerromans sowie durch höchst spannende, originelle Märchen (beispielsweise „Das kalte Herz", „Zwerg Nase" oder „Kalif Storch") das, was man heute einen Bestseller-Autor nennt. Sein früher Erfolg, den er auch seinem unermüdlichen Fleiß verdankte, ermöglichte ihm schon früh, sich eine Existenz als freischaffender Schriftsteller zuzutrauen. Nachdem er sich, nach einigen Jahren des Hauslehrerdaseins, eine Bildungsreise durch Deutschland genehmigt hatte, heiratete der 25jährige im Februar 1827 seine treu auf ihn wartende Verlobte Luise und schwärmte bald darauf einem Freund von seinem häuslichen Glück vor: *„Ich habe bis jetzt viele Stände durchlaufen, war Lyceist, Seminarist, Student, Burschenschäftler, Kandidat, Hofmeister, Schriftsteller, Reisender, Rezensent, Redakteur – aber kein Stand, ich versichere dich, hat mir so wohl gefallen als der Ehestand! Soll ich dir von meinem Glück erzählen, wie wir leben, essen, schwatzen, sorgen, schlafen, – wie wir uns freuen?"*[20] Doch diesem Glück war keine lange Dauer beschieden. Noch im Sommer des gleichen Jahres reiste Hauff, obwohl er sich nicht ganz gesund fühlte, nach Südtirol, um für sein nächstes Buch über den Tiroler Freiheitskämpfer Andreas Hofer zu recherchieren. Anfang September war er wieder zurück in Stuttgart, allerdings in krankem Zustand. Sein Bruder, der Medizin studiert hatte, verabreichte dem Appetitlosen Brech- und Abführmittel. Eine vorübergehende Besserung trat ein, der aber wenige Tage später ein schwerer Rückfall folgte. Am 10. November kam, einige Wochen zu früh, Hauffs Tochter zur Welt. Kurz darauf verlor der junge Dichter das Bewusstsein und fiel in eine Art Delirium. Wenn er hin und wieder wache Momente hatte, machte er deutlich, dass er mit seinem Tod rechnete. Schon am 18. November 1827 war sein Kampf zu Ende – elf Tage vor seinem 25. Geburtstag.

Die Diagnose der Krankheit, die ihn dahinraffte, bleibt bis heute unklar. War es eine „Gehirngrippe" – ein alter Begriff für eine durch Viren hervorgerufene Gehirnentzündung (Encephalitis)? War es Typhus, das sogenannte „Nervenfieber", das vor allem durch verunreinigte Nahrungsmittel und verschmutztes Wasser übertragen wird? Mit größter Sicherheit war es eine Infektion, die heute im medizinisch hochentwickelten Deutschland auf keinen Fall mehr zum Tod führen würde. Damals jedoch standen die Ärzte der Krankheit, wie in den meisten Fällen, rat- und machtlos gegenüber.

Die Menschen lebten in dem Bewusstsein, dass der Tod allgegenwärtig ist. Da man eng zusammenwohnte, nahm man – ob man wollte oder nicht – auch am Schicksal zahlreicher Mitmenschen im näheren sozialen Umfeld von Kindheit an lebhaften Anteil. Konkret bedeutete dies, dass Sterben und Tod nicht aus dem Bewusstsein verdrängt oder ignoriert werden konnten, denn beides war ein Teil des alltäglichen Lebens und Erlebens. Ja, es gab aller Wahrscheinlichkeit nach so gut wie keine Familie, in der nicht ein oder mehrere Familienmitglieder vorzeitig starben. Zwei Beispiele aus dem 18. und 19. Jahrhundert möchte ich stellvertretend für viele skizzieren.

** Der Dichter Friedrich Hölderlin (1770–1843) verlor im Kindesalter sowohl den Vater als auch den Stiefvater. Kurz nach Friedrichs zweitem Geburtstag starb sein Vater 36jährig in Lauffen am Neckar an einem Schlaganfall. Gut zwei Jahre später heiratete die zehn Jahre jüngere Witwe erneut und zog nach Nürtingen Der Stiefvater war dem kleinen Friedrich und dessen Schwester liebevoll zugetan. In nur viereinhalb Jahren brachte Hölderlins Mutter weitere vier Kinder zur Welt, von denen jedoch nur ein Sohn überlebte. Dann geschah das Unfassbare: der Stiefvater, inzwischen Bürgermeister geworden, starb im März 1779 mit gerade einmal dreißig Jahren an einer Lungenentzündung, die er sich in Folge seines tatkräftigen Einsatzes bei einem Neckarhochwasser zugezogen hatte. In diesem Monat beging Friedrich, genannt Fritz, seinen neunten Geburtstag. Was bedeuteten diese Verluste für das sensible Kind, und was bedeuteten sie für seine Mutter? Mit knapp einunddreißig Jahren hatte sie vier von sieben Kindern und zwei Ehemänner verloren. Sie habe nach dem Tod des zweiten Mannes viel geweint, erinnert sich Hölderlin viele Jahre später noch. Wie mag sich die traurige Stimmung zuhause auch auf sein Gemüt niedergeschlagen haben? Mit wem konnte er über den Verlust sprechen?

** Das Schicksal der Mutter von Hölderlins Jahrgangsgenossen und Studienfreund Georg Friedrich Hegel ist ein weiteres bewegendes Beispiel dafür, wie der Tod selbst in gutsituierten Bevölkerungsschichten – aus denen Hegels Eltern stammten – der ständige Begleiter des Lebens war. Geboren 1741, verlor die kleine Maria Magdalena Fromm zusammen mit ihren beiden jüngeren Geschwistern die Mutter, als das Kind vier Jahre alt war. Ihr Vater heiratete im gleichen Jahr erneut. Schon zwei Jahre später starb diese Frau, drei Stiefkinder und ein eigenes Kind zurücklassend. Im folgenden Jahr, inzwischen war Maria sieben Jahre alt, heiratete ihr Vater zum dritten Mal. Die junge Frau war erst siebenundzwanzig Jahre alt, bekam aber keine Kinder mit Marias Vater. Nach zehn Jahren starb der Vater mit einundsechzig Jahren, ein Jahr später folgte ihm ihre zweite, erst 38jährige Stiefmutter nach. Maria Magdalena blieb als 18jährige Vollwaise zurück. Was aus ihr, den beiden Geschwistern und dem Halbgeschwister anschließend wurde, ist nicht bekannt; es gilt aber als sicher, dass sie, da aus bestem Hause stammend, nicht ins Waisenhaus gehen mussten, sondern von Verwandten oder Paten aufgenommen wurden. Mit 27 Jahren heiratete sie – für ihre Zeit schon relativ alt – im September 1769 Georg Ludwig Hegel. In den folgenden knapp 15 Jahren gebar sie sieben Kinder – das älteste war Georg Wilhelm Friedrich –, von denen jedoch nur drei überlebten. 1783 starb Hegels Mutter knapp 42jährig an der Ruhr, auch „Gallenfieber" genannt. Es hatte die ganze Familie erfasst, doch nur Maria Magdalena Hegel war der Krankheit erlegen.[21]

Wie unendlich weit davon entfernt ist unsere heutige Situation in Bezug auf frühe Todesfälle in der eigenen Familie. Den Verlust eines noch unter 70jährigen Elternteils oder eines Geschwisters bzw. Kindes durch Tod zu erleben, ist in unserem Land inzwischen ein seltenes Schicksal geworden – Gott und der Medizin sei Dank.

Doch zurück zu der Frage, wie mit dem Tod in früheren Zeiten umgegangen wurde. Ich konzentriere mich in meinem Rückblick im Folgenden auf das letzte Drittel des zwanzigsten Jahrhunderts, das ich – geboren im Jahr 1960 – noch bewusst miterlebt habe. Sorglos und wohlbehütet wuchs ich in einem kleinen Dorf am Rande der schwäbischen Alb auf. Es war eine Zeit, in der das Alte immer mehr dem Neuen weichen musste, doch so mancher dörfliche Brauch hielt sich noch einige Jahre. Immer noch starben viele Menschen daheim – in der Regel im Kreis der Familie und Verwandten, die sich um das Sterbebett versammelten. Immer noch wurde nicht selten der Pfarrer gerufen, wenn man das Ende eines Angehörigen nahen sah. Er nahm eventuell noch einmal die Beichte ab, spendete möglicherweise ein letztes Abendmahl oder die letzte Ölung und betete mit dem Sterbenden ein Vaterunser. Meist kamen auch die Nachbarn und Verwandten, um sich vom Sterbenden oder Toten zu verabschieden. Sitte war außerdem, dass der Leichnam des oder der Toten im Haus aufgebahrt wurde, schließlich gab es auf dem Land noch keine Leichenhallen. Auch ich kann mich noch an die Aufbahrung meines Großvaters im kühlen Flur des Bauernhauses auf der Schwäbischen Alb erinnern, in dem er gestorben war. Ich war damals gerade sechs Jahre alt und niemand fand etwas dabei, dass ich als Kind den toten Großvater sehen konnte. Schon zwanzig Jahre später, als seine Frau, meine Großmutter starb, gab es diesen Brauch nicht mehr, da auf dem Friedhof eine Leichenhalle stand, in der die Toten aufgebahrt wurden. Zusammen mit meiner damals zehnjährigen Tochter stattete ich der Oma und Uroma einen letzten Besuch dort ab. Ich war erstaunt, wie selbstverständlich meine Tochter der toten Urgroßmutter noch einmal vorsichtig und liebevoll über die Wange streichelte! Sie hatte im wahrsten Sinn des Wortes keinerlei „Berührungsscheu" im Gegensatz zu mir. Das gab mir zu denken. Kann es sein, dass Kinder mit dem Tod unbefangener umgehen als wir Erwachsenen?

Wie ging es nach der Aufbahrung der Toten in früherer Zeit weiter? Der Friedhof lag meist noch neben der Kirche oder in Dorfnähe, und die Kirche war mitten im Ort. Das feierliche Glockenläuten anlässlich der Beerdigung war nicht zu überhören, und der Leichenzug vom Haus des Verstorbenen bis zum Friedhof war nicht zu übersehen. Es war Sitte, dass aus jedem Haus, in dem man den Verstorbenen oder die Verstorbene gekannt hatte, mindestens eine erwachsene Person an der Beerdigung teilnahm und damit ihre Anteilnahme zum Ausdruck brachte. Dementsprechend war es unausweichlich, dass jedermann in unregelmäßigen Abständen mit der Tatsache konfrontiert wurde, dass das Leben einmal zu Ende geht. Den Tod zu verdrängen war schlichtweg unmöglich!
Dazu trugen auch die Kirchengebäude selbst bei. Die Bilder oder Wandmalereien, mit denen sie nicht selten ausgestattet waren, machten jeden, der in den Bankreihen saß, darauf aufmerksam, dass der Tod nach christlichem Glauben das Tor in eine andere Welt war. Mit dieser Welt verband man sehr konkrete Vorstellungen – zu konkrete, wie ich heute sagen würde!

Unvergesslich ist mir die schöne alte Dorfkirche bei Böblingen, in der ich drei Jahre lang als Pfarrvikarin tätig war. Bei einer großen Renovierung hatte man ein mehrfach übermaltes Freskogemälde an der linken Kirchenwand wieder freigelegt und sorgfältig restauriert. Ob dies so klug war, könnte man kritisch hinterfragen, denn aus der „Frohbotschaft" des Evangeliums wird auf diese Weise eine „Drohbotschaft" – die über Jahrhunderte hinweg die Menschen vermutlich zutiefst verängstigte. Dieses Gemälde, das auf die Wende vom 15. zum 16. Jahrhundert datiert wird, zeigt das „Weltgericht am Jüngsten Tag" und zieht bis heute die Blicke der Kirchenbesucher auf sich. Es wimmelt geradezu von Menschen und interessanten Details auf diesem Bild. Oben in der Mitte thront unübersehbar Jesus Christus als Weltenrichter, zu seinen Füßen knien seine Mutter Maria und Johannes der Täufer. Schauerlich und faszinierend zugleich ist jedoch der Bildteil rechts unten. Dort sperrt ein wolfähnliches Tier mit spitzer Schnauze sein riesiges Maul auf, in das zahlreiche nackte Gestalten hineinkriechen oder von Dämonen hinein gezogen werden. Ganz klar: Hier handelt es sich um die Hölle!

Auf der gegenüberliegenden linken Seite stehen hingegen entspannt wirkende, feierlich gekleidete Menschen, die von Engeln durch ein Stadttor geleitet werden – das muss der Himmel sein, den der Künstler mit dem in der Bibel beschriebenen „himmlischen Jerusalem" gleichsetzte.

Doch zurück zur rechten Seite. Besonders erschreckend wirkt das Beispiel einer „Höllenstrafe", die anschaulich und gut sichtbar auf dem riesigen Wandbild dargestellt ist:

Auf dem massigen Körper eines fast nackten Mannes kniet ein Dämon mit scheußlichem Gesicht. Er stopft durch einen großen Trichter dem wehrlos unter ihm liegenden Mann Goldmünzen in den Hals. Auch ungebildete Kirchgänger, ja, sogar Analphabeten können die Botschaft dieser grausamen Szene mühelos verstehen: Wer im Leben den Hals nicht voll bekommt, muss im Jenseits quasi an seinem gehorteten Geld qualvoll ersticken! Ob die drohende Darstellung eine abschreckende Wirkung auf die reicheren unter den Dorfbewohnern hatte (und hat), sei dahingestellt. Doch niemandem bleibt der Anblick erspart, der deutlich macht, dass unser Leben nach christlichem Glauben mit dem Tod keineswegs für immer zu Ende ist, sondern ein äußerst bedrohliches Nachspiel hat.

Zur Frage, wie in früheren Zeiten mit dem Thema „Sterben und Tod" umgegangen wurde, finden sich auch in den sogenannten Volksliedern wichtige Hinweise. Sie bringen all jene Themen zur Sprache, mit denen sich die Menschen einst intensiv beschäftigten, die sie bewegten. Berücksichtigt man, dass der Tod noch bis ins letzte Jahrhundert die Menschen in Form von Krankheit, Seuchen, Verletzungen oder Kriegen jederzeit heimsuchen konnte, so verwundert es nicht, dass in vielen Liedern das Thema „Vergänglichkeit" zur Sprache kommt. Selbst in fröhlicher und geselliger Runde war es keineswegs tabu, gemeinsam an den Tod zu denken! Im Gegenteil: gerade in der Gemeinschaft fiel es vermutlich leichter, sich damit zu beschäftigen, und manch bittere Wahrheit kann in Lied und Gesang leichter ausgedrückt werden als im gesprochenen Wort.

Drei populäre Beispiele seien genannt:

** Im Jahr 1813 veröffentlichte Eichendorff sein Gedicht „*In einem kühlen Grunde*", das von enttäuschter Liebe handelt. Ein Jahr später wurde es von Friedrich Glück genial vertont und avancierte, auch dank eines Chorsatzes von Friedrich Silcher, zu einem der meistgesungenen deutschen Volkslieder. In der letzten Strophe heißt es:

Hör ich das Mühlrad gehen,
ich weiß nicht, was ich will –
Ich möcht am liebsten sterben,
da wär's auf einmal still.

Damit endet das Lied – mit der Sehnsucht nach dem Tod, der von den Qualen der Enttäuschung erlösen würde!

** Das Lied „*Im schönsten Wiesengrunde*", geschrieben im Jahr 1851 von dem Juristen Wilhelm Ganzhorn, umfasste ursprünglich 13 Strophen. Interessanterweise bürgerte es sich ein, nur die erste sowie die beiden folgenden Strophen in Liederbüchern abzudrucken. In der letzten Strophe heißt es:

Sterb' ich – im Tales-Grunde will ich begraben sein,
singt mir zur letzten Stunde beim Abendschein:
Dir mein stilles Tal, Gruß zum letzten Mal!
Singt mir zur letzten Stunde beim Abendschein!

Ganz selbstverständlich wird das Lebensende sowie die Frage: Wo soll einmal meine letzte Ruhestätte sein? angesprochen.

** Im melodisch beschwingten Lied *„Hoch auf dem gelben Wagen"*, geschrieben um 1870 und gut 50 Jahre später vertont, wird das Leben mit der Reise in einer Postkutsche verglichen. In der vierten und letzten Strophe endet abrupt die unbeschwerte Fröhlichkeit, denn Gevatter Tod wird an Bord geholt:

Sitzt einmal ein Gerippe hoch auf dem Wagen vorn.
Hält statt der Peitsche die Hippe, Stundenglas statt Horn.
Sag ich: Ade nun ihr Lieben, die ihr noch bleiben wollt,
gern wär ich selbst noch geblieben, aber der Wagen,
der rollt.[22]

Auch hier fällt auf, dass die Erinnerung an den Tod ohne Klage und Larmoyanz geschieht. Gerade wenn man das Leben genießt, so die Botschaft des Textes, sollte man daran denken, dass es nicht ewig dauert. Keiner weiß, wann seine letzte Stunde schlägt – doch dies ist kein Grund zu verzweifeln, sondern es ist ein Grund, die Gegenwart umso bewusster und dankbarer zu genießen.

Fazit:

Mitten im Leben sind wir vom Tod umfangen:[23] Dieses Bewusstsein bestimmte das Leben der Menschen noch bis vor wenigen Jahrzehnten. Kriege, Naturkatastrophen und ihre Folgen sowie Krankheiten und Unfälle aller Art bildeten eine ständig gegenwärtige Bedrohung, die von den Menschen nicht verdrängt werden konnte. Demütig lebten sie damit, dass ihr Leben und das Leben ihrer Nächsten und Liebsten jederzeit zu Ende gehen konnte – sie kannten es nicht anders. Die Hoffnung auf die Kunst der Ärzte war gering. Der christliche Glaube versprach eine Auferstehung der Toten, verband diese Hoffnung jedoch mit düsteren Gerichtsdrohungen, die es gewiss vielen Menschen schwer machten, ohne Angst vor dem, was danach folgt, zu sterben.

Ganz weit weg – Sterben und Tod heute

Im Gegensatz zu früheren Zeiten kann um das Thema „Sterben und Tod" heute ein großer Bogen gemacht werden. Dies fällt nicht allzu schwer, denn gestorben wird hierzulande, abgesehen von plötzlichen Todes- sowie schweren Verkehrs- oder sonstigen Unfällen, vorzugsweise im Bett – entweder in einem Krankenhaus, einem Pflegeheim, einem Hospiz oder in häuslicher Pflege. An diesem Bett sitzt im besten Fall ein liebevoller Angehöri-

ger, im schlimmsten Fall, beispielsweise während der Corona-Lockdowns, verbringt der Sterbende mutterseelenallein seine letzten Tage und Stunden. Allein schon die Tatsache, dass es zeitweise während der Corona-Krise Menschen in Deutschland (aber nicht nur dort) zugemutet wurde, sich von ihren Liebsten nicht verabschieden zu dürfen, wirft ein bezeichnendes Licht darauf, wie mit Sterbenden umgegangen wird. Leider unterwarf sich die Kirche allzu bereitwillig dem Verbot, alte Menschen im Heim zu besuchen, sofern sie „positiv" getestet waren. Völlig verlassen mussten sie, wie Gefangene in Einzelhaft, in ihren Zimmern sitzen – eine unmenschliche Behandlung, zumal bei dementen Personen, die sich selbst nicht mehr beschäftigen können und die die Gründe für eine solche Ausgrenzung nicht mehr verstehen. Aus meiner Sicht hätten gerade die Kirchen diese Beschränkungen nicht hinnehmen dürfen, sondern im Namen ihrer seelsorgerlichen Verantwortung darauf insistieren müssen, dass Geistlichen und Seelsorgern jederzeit der Zutritt zu alten, einsamen, kranken und dementen Menschen erlaubt wird.[24]
Doch die Tatsache, dass beide Konfessionen es nicht für notwendig erachteten, im Namen der Mitmenschlichkeit Protest gegen staatliche Verordnungen einzulegen, könnte ein Hinweis darauf sein, dass auch hier der Schutz der Gesundheit und die Vermeidung jeder „Todesgefahr" durch Ansteckung höher gewertet wird, als die heilsame und wohltuende menschliche Nähe, die durch Bildschirme und Telefone nicht ersetzt werden kann.
Wie aber lässt sich der Umgang unserer Gesellschaft mit Sterben und Tod charakterisieren? Fünf Beobachtungen werfen ein Schlaglicht darauf.

** Gestorben wird vor allem am Bildschirm – in den Nachrichten, in Krimis und Spielfilmen. Als reales Ereignis kommt der Tod für die meisten Menschen in unserer Gesellschaft erst dann in den Blick, wenn ein naher Angehöriger im Sterben liegt. Dementsprechend ist die Mehrheit der Menschen völlig unvorbereitet und häufig überfordert, wenn Tod und Sterben plötzlich ein Thema in ihrem Leben oder im Leben nahestehender Menschen ist.

** Sterben und Tod sind nicht mehr Teil des öffentlichen Lebens, sondern werden „privatisiert". Leichenwagen sind unauffällig silberlackiert, Friedhöfe liegen oft abgelegen von den Kommunen, zu Beerdigungen kommen häufig nur noch Angehörige. Trauerkleidung wird allenfalls zur Beerdigung getragen, danach möchte man nicht mehr durch schwarze Kleidung als „trauernde Person" identifiziert werden. Besonders gravierend war während der Lockdowns in der Coronakrise die Verordnung, dass nur die allerengsten Angehörigen an den Trauerfeiern teilnehmen durften und nach der Beerdigung sofort wieder auseinandergehen mussten.

** Die Bewertung des Todes hat sich gewandelt. Wurde er in früheren Zeiten, wie die Volkslieder zeigen, zwar nicht verharmlost, aber auch nicht verdrängt oder totgeschwiegen, so gilt es heute als geradezu taktlos, in geselliger Runde oder bei Geburtstagsfesten das Thema „Sterben und Tod" anzuschneiden – ganz egal, wie alt die Jubilare sind. Eingebürgert hat sich stattdessen, den Gastgebern grundsätzlich noch viele Jahre

Lebenszeit zu wünschen. Und während der Tod in früheren Zeiten ganz offen und häufig als Erlösung für den Gestorbenen angesehen wurde, gilt es heute geradezu als Tabubruch, im Tod unter Umständen auch eine Erlösung zu sehen. Natürlich waren die Menschen früher gerade im fortgeschrittenen Alter oft von heftigen Schmerzen geplagt, beispielsweise durch Arthrose, für die es keine Linderung gab, sodass der Tod eher als Schlusspunkt eines mühselig gewordenen Lebens akzeptiert wurde. Doch auch heute gibt es, vor allem in den Pflegeheimen, viele alte, oft demente Menschen, die so gut wie keinen eigenen Gestaltungsspielraum mehr für ihr Leben haben und im Grunde immerzu nur warten – auf das Essen, auf das Aufstehen, das Zubettgehen, auf Pflegekräfte und nicht zuletzt auf Menschen, die sie besuchen oder sich mit ihnen beschäftigen. Ich selbst habe vier Jahre als Altenheimseelsorgerin gearbeitet und weiß, dass niemand von jenen, die ihre Angehörigen im Heim besuchten, gerne in deren Lage gewesen wären. Allen war mehr oder weniger klar, dass der Tod hier durchaus als Erlösung betrachtet werden kann, auch wenn man über die Lebensqualität eines pflegebedürftigen oder dementen Menschen selbstverständlich als Außenstehender niemals urteilen darf.

Wie dem auch sei – auffallend ist, dass der Tod in heutiger Zeit überwiegend als der Feind angesehen wird, den es zu bekämpfen gilt – koste es, was es wolle. Damit verbunden sind, trotz enorm gestiegener durchschnittlicher Lebenserwartung, die Anstrengungen, den Tod als Grenze des Lebens mit Hilfe der

Medizin und einem Maximum an Präventionsmaßnahmen möglichst lange hinauszuzögern.

** Trotz eines immer höheren Anteiles von alten und hochaltrigen Menschen in der Gesellschaft wird Jugendlichkeit vergöttert. Jemanden jenseits der Lebensmitte nach seinem Geburtstag zu fragen, gilt als eher unhöflich. Ebenso empfinden es viele ältere Menschen als tief beleidigend, wenn man ihr Alter korrekt einschätzt – oder womöglich überschätzt. Anzeichen des Alters und der damit verbundenen körperlichen Veränderungen werden nach Möglichkeit verborgen, retuschiert, bekämpft oder gar operativ entfernt. Alte Menschen in der Werbung haben in der Regel jung wirkende, faltenfreie Gesichter und werden nicht als gebrechliche Greise, sondern als vitale und kerngesund wirkende Senioren und Seniorinnen dargestellt.

** Eine Gegenbewegung zu dieser kollektiven Verdrängung von Sterben und Tod stellen allerdings die zahlreichen Hospizgruppen dar, die an vielen Orten gegründet wurden. Da es in unserer Gesellschaft darüber hinaus eine wachsende Zahl von Alleinstehenden gibt, die in ihrer Sterbephase keine nahen Angehörigen haben – aber auch immer mehr Menschen, die mit der Begleitung sterbender Angehöriger aus verschiedenen Gründen überfordert wären –, wächst der Bedarf an Hospizen rasant. Auch sogenannte Letzte-Hilfe-Kurse, die den richtigen Umgang mit Sterbenden lehren, werden in der Erwachsenenbildung immer häufiger angeboten, was zu begrüßen ist.

Fazit:

Der Tod als Teil des Lebens, den es nicht nur zu bekämpfen, sondern auch in Würde anzunehmen gilt, wird in unserer Gesellschaft eher verdrängt als respektiert. Daraus folgt ein häufig verkrampfter, angstbesetzter und letztlich oft irrationaler Umgang mit den Themen „Sterben und Tod". Er findet in der modernen Hochleistungsmedizin einen oft allzu willigen Verbündeten. Dass auf diese Weise ein reifer und reflektierter Umgang mit Sterben und Tod, womöglich sogar eine gelassene Bejahung des eigenen Todes, zumal in fortgeschrittenem Alter, erschwert wird, liegt auf der Hand.

III. Wenn Kinder und Jugendliche wissen, dass sie sterben müssen

An das Sterben anderer Menschen kann man sich nicht gewöhnen, aber man kann lernen, damit umzugehen.
(Dietrich Niethammer[25])

Eine Erzählung

Es ist ein Drama, das in dem Buch „Oskar und die Dame in Rosa", erschienen im Jahr 2002 in Paris, erzählt wird – ein Drama, in dem der Verfasser einige wichtige Probleme anspricht, die sich ergeben, wenn ein Kind an einer unheilbaren Krankheit leidet. Und es ist ein Drama, das sich so vermutlich in vielen Krankenhäusern dieser Welt Tag für Tag abspielt: Der zehnjährige Oskar weiß, dass er sterben wird, aber er weiß auch, dass seine Eltern mit ihm darüber nicht sprechen können.
Dies stürzt ihn in eine tiefe innere Einsamkeit. Doch Oskar hat Glück – das Glück, Oma Rosa zu kennen – eine resolute, doch sehr einfühlsame alte Dame, die kranke Kinder besucht.
Diese erfahrene Frau ist emotional distanzierter als Oskars Eltern und kann deswegen Vieles direkter ansprechen. Oma Rosa empfiehlt Oskar, alles aufzuschreiben, was ihn bewegt, und seine Briefe an den lieben Gott zu

schicken. Eric-Emmanuel Schmitt holt damit von Anfang an einen weiteren Ansprechpartner ins Boot, von dem allerdings, wie Oma Rosa dem kranken Oskar beibringt, keine direkten Antworten auf menschliche Fragen zu erwarten sind. Doch sie macht ihm klar, dass es sich dennoch lohnt, diesen Gott mit einzubeziehen.

Schon in seinem ersten Brief gesteht Oskar Gott, dass er noch nie mit ihm geredet habe, *„weil ich nämlich nicht daran glaube, dass es Dich gibt. Bloß, wenn ich so schreibe, reiße ich mich nur selber rein, dann wirst Du Dich wohl kaum für mich interessieren. Wo ich doch Dein Interesse nötig habe."*[26] Im Folgenden durchlebt Oskar – so beschreibt es der Autor! – im Zeitraffer sein zukünftiges Leben und schildert Gott in seinen Briefen unbefangen und vertrauensvoll einige Szenen daraus. Doch noch wichtiger ist, dass er ihn an seiner Krankheit aktiv teilhaben lässt, ohne dabei in Selbstmitleid zu verfallen. Oskars Briefe sind sehr bewegend zu lesen, obwohl von Anfang an klar ist, dass sie nicht von einem Kind geschrieben wurden. Der Autor macht erst gar nicht den Versuch, sie in kindlicher Sprache zu verfassen. Ihm geht es offensichtlich vor allem darum, sich in die Gedanken- und Gefühlswelt eines Kindes hineinzuversetzen, das in irgendeiner Weise fertig werden muss mit seinem Wissen, nicht mehr lange zu leben.

Einige für unser Thema wichtige Passagen seien daraus zitiert. Nüchtern teilt Oskar dem lieben Gott schon in seinem ersten Brief eine wichtige Beobachtung mit: *„Wenn man im Krankenhaus ‚sterben' sagt, hört keiner zu. Man kann drauf wetten, alle schnappen sie nach Luft und wechseln das Thema. Den Test habe ich mit vielen ge-*

macht." Es erleichtert ihn, als er merkt, dass Oma Rosa anders gestrickt ist. Sie nimmt ihn ernst und weicht nicht aus, als er ihr sagt, was er weiß: *„Man tut immer so, als käme man nur in ein Krankenhaus, um gesund zu werden. Dabei kommt man auch rein, um zu sterben."*[27] Endlich hat er einen Menschen gefunden, der dieses Thema nicht tabuisiert, ihn nicht zu beschwichtigen versucht, sondern seine Offenheit mit ebensolcher Offenheit beantwortet. Deutlich wird, wie wichtig es für Kinder ist, eine solche Ansprechperson zu haben, und wie sehr es sie belastet, die Überforderung ihrer Eltern beobachten zu müssen.

Auch Oskar macht die Erfahrung, dass seine Eltern nicht in der Lage sind, mit ihm über seinen Zustand zu reden. Deswegen sind ihre Besuche eher schwierig für ihn. Ihre Ablenkungsmanöver durchschaut er sehr genau: *„Seitdem ich ständig im Krankenhaus bin, fällt es meinen Eltern schwer, mit mir zu reden; deshalb bringen sie mir Geschenke mit, und den ganzen belämmerten Nachmittag verbringen wir damit, Spielregeln und Gebrauchsanweisungen zu studieren."*

Oma Rosa schlägt ihm schließlich vor, gemeinsam in die Krankenhauskapelle zu gehen, um Gott zu besuchen. Dort angekommen, erschrickt Oskar, als er Jesus am Kreuz hängen sieht. Doch Oma Rosa bittet ihn, genau Jesu Gesicht zu studieren, das gar nicht schmerzverzerrt ist. Sie erklärt Oskar, dass man körperlichen Schmerz oft einfach ertragen müsse, wohingegen man auf den seelischen Schmerz durchaus Einfluss habe. Der Gedanke, dass man sterben wird, müsse einem nicht zwangsläufig weh tun oder Angst bereiten. *„Die Menschen haben Angst*

*vor dem Tod, weil sie Angst vor dem Unbekannten haben. Aber was ist eigentlich das Unbekannte? Ich würde dir empfehlen, keine Angst zu haben, Oskar, sondern Vertrauen ... Darin liegt der Vorteil, wenn man glaubt."*²⁸
Mit diesen schlichten Worten macht sie dem Kind deutlich, dass die wichtigste Funktion des Glaubens nicht in der erhofften Wunscherfüllung liegt, sondern in der vertrauensvollen Beziehung zu einer höheren Macht. Einer Beziehung, die auf das eigene Denken und Fühlen zurückwirkt und auch die Einstellung zum Tod verändern kann.
Mit der Aufgeschlossenheit des Kindes hört Oskar sich Oma Rosas Ausführungen an, ohne sie einer intellektuellen Zensur zu unterziehen.
Doch dann beherrschen erneut die Eltern seine Gedanken – wieder einmal regt er sich über sie auf und fühlt sich in seiner Einschätzung bestätigt, *„dass meine Eltern Feiglinge sind. Schlimmer: Zwei Feiglinge, die mich für einen Feigling halten!"*²⁹
Auch dieses Mal durchschaut er sie: *„Sie fürchten sich vor mir. Sie trauen sich nicht, mit mir zu reden ... Warum jage ich ihnen solche Angst ein?"* Oma Rosa versteht seine Frustration, korrigiert ihn jedoch sanft: *„Sie haben keine Angst vor dir, Oskar. Sie haben Angst vor der Krankheit."*³⁰
Dann gibt sie Oskar einen wichtigen Rat, den er beim nächsten Besuch seiner Eltern mutig in die Tat umsetzt: Er konfrontiert sie damit, dass auch sie eines Tages sterben werden! Damit ist der Bann gebrochen. Die Eltern erkennen, dass ihr Sohn genau weiß, wie es um ihn steht. Es ist nicht nötig, dass sie ständig eine Rolle vor ihm spielen! Sowohl sie als auch ihr Kind sind tief erleichtert. Nun ist

der Weg frei, voneinander in Liebe, Aufrichtigkeit und Würde Abschied zu nehmen.

Das Buch endet nicht mit dem Tod Oskars, sondern mit einem letzten Brief an Gott. Doch diesmal schreibt ihn Oma Rosa, die vom Tod ihres Schützlings berichtet. *„Er ist heute morgen gestorben, während der halben Stunde, die ich mit seinen Eltern einen Kaffee trinken war. Er hat es ohne uns getan. Ich glaube, dass er diesen Moment abgewartet hat, um uns zu schonen. Als wolle er uns den Schrecken ersparen, ihn gehen zu sehen..."*[31]

Ihr Brief schließt mit den berührenden Worten: *„P.S.: Die letzten drei Tage hatte Oskar ein Schild auf seinen Nachttisch gestellt. Ich glaube, es ist für dich. Es stand drauf: ‚Nur der liebe Gott darf mich wecken.'"*[32] Mit anderen Worten: Oskar hatte seinen Frieden gemacht damit, dass er für immer einschlafen würde – und er verpackte diesen Frieden in eine letzte Verfügung, an der alle ablesen konnten, dass er auf eine Begegnung mit Gott in einer anderen Welt hoffte.

Was hier in einem bezaubernden und im Grunde auch sehr tröstlichen Buch geschildert wird, ist Dichtung – doch eine Dichtung, die ihre Leser und Leserinnen mit wichtigen Themen vertraut macht, um die es beim Sterben von Kindern und jungen Menschen geht.

Eines arbeitet der Verfasser auf alle Fälle klar heraus: Kinder und Jugendliche können mit dem Thema „Sterben und Tod" gut umgehen, wenn man ihnen die Wahrheit sagt. Dies gilt auch, wenn man sie auf das Sterben eines geliebten nahestehenden Menschen vorbereitet. Auch das verkraften Kinder und Jugendliche durchaus – besser, als wenn sie plötzlich mit der Tatsache konfrontiert werden, dass ein geliebter Mensch in ihrem Umfeld sterben muss – oder gar schon gestorben ist. Selbstverständlich muss man die Kinder in ihrem Schmerz oder ihrer Angst auffangen, wie es Oma Rosa ja auch bei Oskar tat.

Ein wahrer Bericht: Wir treffen uns wieder in meinem Paradies

Das Merkmal von Dichtung ist, dass sie Lebensthemen und Lebenserfahrungen verdichtet. Wie aber sieht es mit der Realität aus? Genauer gefragt: Wie reagiert ein junges Mädchen, wenn es erfährt, dass es vermutlich nicht mehr lange zu leben hat? Wie geht es mit seinen Ängsten, seinen Hoffnungen und nicht zuletzt seinem schweren Leiden um? Und wie reagiert seine Familie, sein soziales Umfeld? Beschrieben wird dies alles in einem Buch, das Christel Zachert zehn Jahre nach dem Tod ihrer Tochter Isabell herausgegeben hat. Darin beschreibt sie deren Leidensweg – von der Erstdiagnose bis zum Tod sind es nur dreizehn Monate. Offen und klar, doch ohne Selbstmitleid schildert die Mutter nicht nur das Leid der Tochter, sondern auch den Schmerz der Eltern sowie der beiden Brüder von Isabell, der mit dem Tag der Diagnose beginnt und mit dem Tod der geliebten Tochter und Schwester keineswegs schlagartig endet. Besonders berührend sind neben Isabells Tagebuch aus der letzten Lebensphase die zahlreichen Briefe, die Isabells Mutter in diesem Buch veröffentlicht.[33]

Der Inhalt: Im Oktober 1981 erfährt die damals 15jährige Isabell, dass sie an einem äußerst aggressiven Lungentumor erkrankt ist, der sich schon im Endstadium befindet und im ganzen Körper gestreut hat. Eine Operation ist nicht mehr möglich. Trotz der niederschmetternden Prognose beschließen die Ärzte, nichts unversucht zu lassen, um Isabells Leben wenigstens noch zu verlängern. Isabell wird vom Krankenhaus Bonn ins Uniklinikum Köln verlegt, wo Ende November mit der ersten Chemotherapie begonnen wird. Tatsächlich tritt eine Besserung ein, und nach dem vierten Therapiezyklus im März 1982 kann die Patientin sogar für über zwei Monate nach Hause gehen. Doch dann verschlechtert sich Isabells Zustand erneut und im Sommer des Jahres wird immer deutlicher, dass die Therapien das Wachstum der Tumorzellen nicht wirksam reduzieren konnten. Nach einem Therapiestop wird Mitte Oktober 1982 doch noch ein letzter Versuch unternommen, den tödlichen Verlauf der Krankheit zu verzögern. Doch Isabell erkennt, dass damit nur ihre zunehmenden körperlichen Qualen verlängert werden und verweigert sich weiteren therapeutischen Maßnahmen. Sowohl Ärzte als auch Eltern respektieren diese Entscheidung, die es Isabell ermöglicht, bewusst Abschied von den Menschen zu nehmen, die ihr viel bedeuten. Kurze Zeit darauf, dreizehn Monate nach der Diagnose, stirbt sie im Alter von sechzehn Jahren und acht Monaten.

Was wird in diesem beeindruckenden Buch deutlich?

Auch wenn sich in den vergangenen vierzig Jahren in der Medizin und im Umgang mit Patienten und Patientinnen eine Menge verändert hat, so bleibt eines doch gleich: das Bedürfnis des kranken Menschen nach zugewandten und einfühlsamen Ärzten und Ärztinnen. So findet Isabell einen ganz besonderen Halt in einem jungen Bonner Arzt, den sie gleich zu Beginn ihrer Krankheit kennenlernt.
Doch es sind auch viele andere Menschen, die dem Mädchen Halt und Unterstützung geben. Isabells Briefe lassen erkennen, dass sie zwar einen Reifungsprozess im Zeitraffer durchläuft, andererseits aber auch ein ganz normales junges Mädchen ist. Ein Mädchen, das sich trotz Krankheit verlieben kann und es genießt, wenn sie Gegenliebe spürt oder zu spüren meint. Die damit verbundenen Gefühle und Phantasien geben Isabell Energie und machen sie immer wieder sehr glücklich.
Die Korrespondenz mit all den Menschen, die ihr nahe stehen, nimmt einen großen Raum während ihrer Krankheit ein, auch wenn das Schreiben sie zunehmend Kraft kostet. Briefe zu schreiben hilft ihr, die Gedanken und Gefühle zu sortieren und auszudrücken.[34] Mit großer Ehrlichkeit schildert sie ihre Schmerzen und Ängste, ihre Frustrationen und Enttäuschungen, aber auch ihre Hoffnungen und Wünsche. Sie klagt, doch sie freut sich auch. Sie kann genießen, doch sie macht auch kein Hehl aus ihren körperlichen Schmerzen und ihren seelischen Belastungen. Sie fühlt sich in ihr Gegenüber ein, doch sie erwartet auch, dass ihre Briefpartner sich bemühen, sie zu

verstehen. Ohne in Selbstmitleid zu verfallen, mutet sie ihrem jeweiligen Gegenüber, so hat man den Eindruck, die harte Realität zu. Möglich ist dies dem jungen Mädchen nur, weil seine Eltern diesen Kurs von Anfang an mittragen. Sie versuchen, ihrerseits immer ehrlich zu Isabell zu sein und sich auf ihre körperlichen, aber auch seelischen Bedürfnisse einzustellen, wenngleich sie dabei selbst oft an ihre physischen und psychischen Grenzen kommen. Christel und Hans Zachert begleiten nicht nur ihre Tochter mit vereinten Kräften, sondern sie geben sich nach Möglichkeit auch gegenseitig Halt und wechseln sich mit vielen Pflichten und Aufgaben ab, soweit es ihr Alltag möglich macht. Gleichzeitig achten sie bewusst darauf, die beiden heranwachsenden Söhne nicht aus den Augen zu verlieren, sondern auch ein Stück „Normalität" mit ihnen zu leben und sie in ihrem Umgang mit der Krankheit der Schwester zu unterstützen.

Einige für unser Thema wichtige und aufschlussreiche Passagen aus dem Buch seien in chronologischer Reihenfolge zitiert:

In einem Brief an eine Freundin schreibt Isabell, sie ist fünfzehneinhalb Jahre alt, Ende November 1981, nach den ersten Tagen im Kölner Uniklinikum von den schmerzhaften Untersuchungen, die sie über sich ergehen lassen musste: *„... An diesem Tag ist mir auch klargeworden, wie schwer krank ich bin, und ich war so unglücklich wie selten in meinem Leben."*[35]

Die Familie versucht, sie möglichst wenig im Krankenhaus allein zu lassen. Auch Freunde engagieren sich, besuchen sie und die Familie, nehmen schriftlich und telefonisch Anteil. Christel Zachert schreibt: *„Mir ist noch nie in meinem Leben der Wert einer Großfamilie und die Bedeutung von Freunden so bewusst gewesen. Aber gepflegt und aufgebaut haben muss man die Freundschaft vorher. Den Wert einzelner Freunde erkennt man in einer so schweren Situation klar und in Sekundenschnelle, wie unter einem Blitzlicht..."*[36]
Die erste Chemotherapie, der Isabell sich unterzieht, ist erfolgreich, der Tumor wird zurückgedrängt. Isabell schöpft Hoffnung und beschließt, allen Schwestern und Ärzten auf der Station zu deren Weihnachtsfeier kleine, persönliche Geschenke zu machen. Nach einer Verschnaufpause über Weihnachten folgt eine zweite Chemotherapie, die Isabell ebenfalls gut übersteht, sodass sie anschließend für drei Wochen nach Hause gehen darf. Ihre Mutter schreibt: *„Die Tage der qualvollen Therapie konnten durch die Tage des schmerzfreien Lebens in Freiheit aufgewogen werden. Und jeder lebenswerte Tag erhöhte die Bereitschaft, die nächste Therapie zu ertragen."*[37] Isabell leidet dennoch darunter, dass sie ihre Familie so sehr belastet. Ihre Mutter nimmt ihr diesen Kummer. Sie erklärt, dass sie die Krankheit ihrer Tochter als Möglichkeit ansehe, mit ihr *„zu einem ganz intensiven Verhältnis zu gelangen."* Sie schreibt weiter: *„Mein Leben war noch nie von einem so tiefen Sinn erfüllt. Ich konnte durch mein bloßes ‚Dasein' einem Menschen die Angst nehmen oder zumindest mindern."*[38]
Doch wer stützt, braucht auch selbst Hilfe. Frau Zachert wendet sich mit ihren Problemen an eine ihr vertraute

Ärztin: „*Von ihr lernte ich, dass man auch mit dem Gedanken an den Tod leben kann und einem schwerkranken Menschen vor allen Dingen keinen Gefallen tut, diese Gedanken zu verdrängen ... Das Wichtigste aber, was sie mir vordachte, war der Weg, am Ende einen geliebten Menschen loszulassen, damit er in Frieden sterben kann ... Nicht in der zeitlichen Verlängerung deines Lebens lag die Erfüllung unseres Schicksals, sondern in der Güte und Intensität, wie wir dieses uns von Gott geschenkte gemeinsame Stück Leben gestalteten.*"[39]

Nach einem dritten Therapiezyklus fühlt Isabell sich so wohl, dass sie Mitte Februar einen geradezu euphorischen Brief an eine Freundin schreibt: „*Ich bin so unsagbar glücklich! Ich bin nämlich zu 98 % wieder gesund, und es ist ein baldiges Ende abzusehen in dieser ganzen Therapiefolge ...*". Ihren 16. Geburtstag am 3. März feiert die ganze Familie in einer Mischung aus Hoffen und Bangen. Die Mutter schreibt: „*Wir wussten, dass es nach den medizinischen Prognosen dein letzter Geburtstag war, aber keiner wollte es glauben ...*".[40]

In einem Brief kurz darauf schildert Isabell amüsiert, aber im tiefsten Inneren wohl eher irritiert, wie unbeholfen sich ihre alte Tennismannschaft verhielt, als sie ihr einen Besuch abstattete: „Die waren alle ganz ulkig, so, als ob sie alle nicht wüssten, wie sie mit mir umgehen sollten. Das habe ich jetzt schon bei mehreren Leuten bemerkt ...".[41] Es ist das gleiche Thema, das auch Oskar beschäftigte.

Auch das Verhalten ihrer Schulklasse, die sie kurz darauf ebenfalls besucht, enttäuscht Isabell tief. Keiner der Mitschüler und Mitschülerinnen wagt es, sie auf ihre Krankheit anzusprechen. Alle haben offenbar Angst, etwas Falsches zu sagen. Isabell hingegen hatte eine begeisterte Begrüßung und unbefangene Offenheit erwartet.

Beim nächsten Therapiezyklus leistet ihr der Vater Gesellschaft im Krankenhaus. Isabell beginnt, sich über ein mögliches Leben nach dem Tod Gedanken zu machen und den Vater nach seinen Vorstellungen zu befragen. Er gibt ihr so ehrlich wie möglich Auskunft, sagt aber auch, dass seine Vorstellungskraft an eine Grenze käme bei dieser Frage. Wichtig ist, dass er sie dazu ermutigt, mit der Flöte zu musizieren. Die Mutter schreibt: *„Wie der Rattenfänger von Hameln zogst du die Menschen im Krankenhaus in dein Zimmer an. Diese Klänge waren so ungewohnt auf der Station, dass jeder wissen wollte … woher sie kamen. In diesen Minuten konntest du alles vergessen …".*[42]

Dann tritt eine selbst für die Eltern überraschende Situation ein: Der behandelnde Professor macht ihnen tatsächlich Hoffnung, Isabell könne die Krankheit überstehen – sofern sie sich zwei bis drei Jahre im Krankenhaus therapieren ließe.

Offen schreibt Christel Zachert: *„Obwohl es an und für sich eine gute Nachricht war, glaubten wir, uns würde der Boden unter den Füßen weggerissen. Wie sollten wir die zwei bis drei Jahre noch durchstehen?"* Diese Frage zeigt, unter welch ungeheurer Belastung auch die Angehörigen einer todkranken Person stehen.

Auch Isabell ist verzweifelt, als sie von dieser Möglichkeit hört, doch aus einem anderen Grund: Sie hatte gehofft, dass nach fünf Therapien Schluss sei, d.h. dass ihre Behandlung beendet und sie, zumindest vorläufig, gesund wäre. Immerhin kann sie erwirken, dass ihr nächster The-

rapiezyklus in Bonn, nahe ihrem Elternhaus und ihrem so sehr geschätzten Dr. T., stattfinden kann.
Gleichzeitig fängt die junge Frau jedoch an, sich mit der Aussicht ihres nahenden Todes zu beschäftigen. Sie malt ein großes Selbstporträt, unter das sie „Warum?" schreibt und hängt es so in ihrem Zimmer auf, dass alle Besucher es sehen. Gespannt beobachtet sie deren Reaktionen darauf – und stellt bohrende Fragen. Sie erwartet, dass ihre Besucher bereit sind, sich mit ihr auszutauschen.[43]
Nach dem fünften Therapiezyklus im April 1982 folgen neun Wochen Pause. Isabell geht stundenweise sogar wieder zur Schule, fühlt sich aber als Außenseiterin, da ihre Klassenkameradinnen nach wie vor nicht wissen, wie sie mit ihr umgehen sollen.
Inzwischen haben sich jedoch Metastasen an mehreren Körperstellen gebildet, die Isabell immer massivere Schmerzen verursachen. Ende Juni muss sie vorzeitig in die Kölner Klinik zurückkehren, wo sich die Behandlung stärker auf Schmerztherapie ausweitet. Die folgenden Monate vergehen erneut zwischen Hoffen und Bangen – wieder kann das Tumorwachstum kurzfristig zurückgedrängt werden, so dass Isabell Ende Juli erneut beginnt, an das Wunder einer Heilung zu glauben. Eine Lungenuntersuchung vier Wochen später macht jedoch all ihre Hoffnungen zunichte. Obwohl weitertherapiert wird, gibt sich Isabell keinen Illusionen mehr hin und setzt sich immer intensiver mit dem Tod auseinander. Ihre Mutter schreibt: *„Du wolltest den Menschen und der Zukunft immer ins Auge sehen."*[44]
Ein Lichtblick ist die neue Klasse, in die Isabell einige Monate zuvor noch ein paar Wochen gegangen war, um das

letzte Schuljahr eventuell zu wiederholen. Diese Mitschüler gehen von Anfang an offen mit Isabells Krankheit um, schreiben ihr und besuchen sie im Krankenhaus. Ihre Offenheit verdanken die Jugendlichen ohne Zweifel auch ihren Lehrern. Christel Zachert schreibt: *"Es ist so wichtig, wie Lehrer selbst mit dem Thema Krankheit und Tod umgehen und eine Klassengemeinschaft darauf vorbereiten können. – Und wieviel können die gesunden Klassenkameraden von einem kranken Mitschüler für das Leben lernen!"*[45]

Als Isabell nach dem Tod einer anderen jungen Frau auf ihrer Station die Eltern erneut mit Fragen zum Thema „Tod" bombardiert, teilt ihr Vater ihr ehrlich mit, dass sie ihn und seine Frau damit zermürben würde. Mit anderen Worten, er signalisiert, dass auch sie als Eltern nicht unbegrenzt belastbar sind. Daraufhin wendet sich Isabell per Brief an eine vertraute Ärztin, die auch Psychologin ist. Diese spricht sowohl mit ihr als auch mit den Eltern, was allen Beteiligten sehr hilft, mit der aussichtslos gewordenen Situation umzugehen.

Mitte Oktober beginnt im Bonner Krankenhaus der letzte Therapiezyklus für Isabell, der am 31. Oktober endet. Danach konzentriert man sich nur noch auf die Bekämpfung der sich zunehmend verschlimmernden Schmerzen von Isabell.

Ihr geliebter Dr. T. verabschiedet sich am 4. November schweren Herzens zu einer lang geplanten Fernreise und bittet sie, bis zu seiner Rückkehr durchzuhalten. Doch obwohl Isabell es ihm verspricht, reichen ihre Kräfte nicht mehr so lange. Sie spürt es und beginnt, sich von all den Menschen zu verabschieden, die ihr viel bedeuten. Auch

diktiert sie ihrer Mutter, wer welches ihrer Besitztümer nach ihrem Tod bekommen soll. Nachdem eine weitere Röntgenaufnahme neue Metastasen in der Lunge zeigen, beschließt Isabell: *„Ich möchte nicht mehr therapiert werden. Wenn Gott wirklich ein Wunder an mir geschehen lassen will, dann braucht er keine Chemotherapie. Ich lege mein Schicksal in Gottes Hand!"*[46] Die Ärzte versprechen ihr, dass sie weder ersticken noch unter qualvollen Schmerzen sterben muss, sondern ruhig einschlafen darf. Am Abend des 15. Novembers, fordert Isabell die Ärzte auf, mit der Sedierung zu beginnen. Bevor sie einschläft, nimmt sie Abschied von jedem einzelnen Familienmitglied und kündigt an: *„Ich gehe jetzt glücklich in mein Paradies. Ich werde leicht und durchsichtig, aber ich kann euch sehen."* Am übernächsten Tag, morgens um fünf Uhr, endet ihr Leben. Abschließend schreibt ihre Mutter:
„Du hast deinen Tod als neuen Anfang begriffen, als einen erhabenen Tod, als eine Auszeichnung! Die Freunde, die kamen, um uns zu trösten, gingen beglückt und bereichert nach Hause, da wir von dir erzählten, wie du dein Schicksal vorbehaltlos akzeptiert hast und versöhnt vom Leben Abschied nahmst. Dass dir eine solche Entwicklung und ein solcher Abschied möglich war, ist maßgeblich von der Grundentscheidung beeinflusst worden, dass wir mit dir in Wahrheit lebten, dass ein Einklang zwischen den Ärzten, dir und uns bestand, dass wir dir alle Ergebnisse sagten und die Gespräche mit dir und den Ärzten nach Möglichkeit gemeinsam führten. So konntest du uns deine Gedanken, Ängste und Hoffnungen anvertrauen. Es war die Voraussetzung dafür, dass es dir gelang, im Laufe der Krankheit eine Entwicklung durchzumachen, die es dir ermöglichte,

deinen Tod zu akzeptieren. Das übte auf viele Menschen eine Faszination aus ... Wir waren stolz, eine solche Tochter und Schwester gehabt zu haben. Du hattest dein Schicksal erfüllt, dein Leben gelebt, wenn auch im Zeitraffertempo."[47]

Prägnanter kann man kaum ausdrücken, welches die Bedingungen dafür sind, dass ein Kind oder ein junger Mensch getrost aus dem Leben scheiden kann: Die entscheidenden Weichen stellen die Erwachsenen, die mit ihm umgehen, allen voran Eltern und Ärzte. Dabei wird auch den Eltern eine „Entwicklung im Zeitraffertempo" zugemutet: Sie müssen akzeptieren, dass ein von ihnen geliebter Mensch stirbt, für den sie von Geburt an Verantwortung trugen. Dies ist an und für sich schon eine schier übermenschliche Herausforderung, denn kein liebender Vater, keine liebende Mutter möchte den Tod des eigenen Kindes erleben. Nicht genug damit, müssen die Eltern eines todkranken Kindes auch ihr eigenes Verhältnis zu Sterben und Tod klären und weiterentwickeln. Nur, wenn sie eine bewusste und letztendlich akzeptierende Haltung dazu entwickelt haben, können sie ihrem Kind diese Haltung vermitteln. Denn das Kind, so macht es vor allem die Geschichte von Oskar deutlich, orientiert sich in seiner eigenen Offenheit an der Offenheit der Eltern. Wenn diese ihrem Kind signalisieren, dass sie den Tatsachen und der Wahrheit nicht ausweichen, fühlt sich das Kind ermutigt, seinerseits offen mit der Situation umzugehen. Die reife Haltung der Erwachsenen zeigt sich ganz praktisch auch darin, dass sie dem todkranken Patienten entsprechend seiner geistigen Reife immer die Wahrheit sagen und seinen Fragen nicht ausweichen, sondern standhalten.

Die Erfahrungen eines Tübinger Kinderarztes

Wie wichtig die Klärung der eigenen Beziehung zum Thema „Sterben und Tod" ist, macht der Leiter der Tübinger Universitätsklinik für Kinderheilkunde, Prof. Dietrich Niethammer, in seinem Buch „Wenn ein Kind schwer krank ist – Über den Umgang mit der Wahrheit"[48] eindringlich deutlich. In diesem Buch, das er nach Beendigung seiner klinischen Tätigkeit verfasste, sind viele Fallbeispiele zu finden, wie Kinder, Eltern, Geschwister und Großeltern mit einer schweren Erkrankung eines Familienmitglieds umgingen – und welchen Einfluss die im Krankenhaus Verantwortlichen darauf hatten. Sie mussten den unmittelbar Betroffenen und ihren Angehörigen nicht nur in ihren fachlichen Kenntnissen überlegen sein, sondern ihnen auch in der Art und Weise des Umgangs mit einer möglicherweise tödlich verlaufenden Krankheit einige Schritte voraus sein. Das bedeutet, dass zunächst die Klinikmitarbeiter und -mitarbeiterinnen gefordert sind, wenn es um die Frage geht, wie mit Krankheit, Angst, Sterben und Tod umgegangen wird.

In seinem Vorwort schreibt Niethammer: *„Ich wollte ... deutlich machen, dass junge Ärzte und Kinderschwestern die natürliche Angst vor kranken Kindern verlieren, wenn sie verstehen, was wirklich in ihren Patienten vorgeht und wie man ihnen in ihrer Not beisteht."*[49] Was er *„allen Menschen, die mit schwerkranken Kindern und Jugendlichen zu tun haben"* vermitteln möchte, ist *„dass das Gebot, nicht zu lügen, eine ganz entscheidende Rolle spielt, will man den*

Problemen und Nöten der Patienten gerecht werden." In dieser Aufrichtigkeit liegt auch ein Gewinn: *"Es gibt keinen Grund, vor kranken Kindern Angst zu haben; allerdings muss man bereit sein, zu lernen und sich auf sie einzulassen. Dann wird man erleben, dass man sehr viel mehr bekommt, als man jemals geben kann."*[50]
Der erschütternde Ausgangspunkt seiner Überlegungen ist Niethammers eigene Zeit als Medizinstudent, in der es geradezu ein Dogma war, die Kinder *"nicht über die Natur ihrer Erkrankung und die Möglichkeit eines tödlichen Ausgangs"* aufzuklären, *"weil man grundsätzlich der Auffassung war, dass Kinder nicht über ihre Krankheit oder gar den Tod nachdenken."*[51] Sehr schnell merkte er jedoch im Kontakt mit diesen Kindern, dass dies ein großer Irrtum war. Ein Irrtum, der allerdings für die kranken Kinder und Jugendlichen schreckliche Folgen hatte: Sie wurden mit ihren Fragen und Ängsten allein gelassen und verschlossen sich deshalb gegenüber ihrer Umwelt immer mehr. Niethammer schreibt: *"Der Grund dafür, dass manche krebskranken Kinder am Ende ihres Lebens mit niemandem mehr redeten, manchmal nicht einmal mit ihren Eltern, lag in einer aus heutiger Sicht katastrophalen Vereinsamung..."*.[52]
Mit anderen Worten: Kinder werden stumm, wenn sie sich mit ihren Ängsten allein gelassen fühlen und spüren, dass man mit ihnen nicht ehrlich umgeht, ja, sie womöglich anlügt. Ihre außerordentliche Feinfühligkeit ermöglicht es ihnen, *"in den Gesichtern ihrer Eltern wie in einem Buch zu lesen"* und auch deren Angst zu spüren.[53] Bekommen sie auf eine Frage keine ehrliche Antwort, wiederholen die Kinder diese Frage häufig kein zweites Mal, so Niethammers Beobachtung. Ausdrücklich gibt er einer

amerikanischen Studie recht, die besagt, *„dass sich jedes Kind, das schwerkrank im Bett liegt, über den Tod Gedanken macht und sehnlichst wünscht, mit jemandem darüber zu sprechen."*[54]

Eltern sind, wie auch die Mutter von Isabell Zachert deutlich macht, mit dieser Aufgabe oft überfordert. Erst recht natürlich, wenn sie glauben, dass das Kind von seinem schweren Schicksal noch gar nichts ahnt. Doch auch viele Ärzte und Ärztinnen fühlen sich der Herausforderung, mit einem Kind über seinen bevorstehenden Tod zu sprechen, nicht gewachsen. Unter dem Vorwand, man wolle das Kind vor der Wahrheit schützen, schützen sie im Grunde vor allem sich selbst.

Niethammers Ziel während seiner Tätigkeit als Kinderarzt war es deshalb, Ärzte, Krankenschwestern und Eltern zu befähigen, mit einem schwerkranken Kind wahrhaftig umzugehen. Diese Befähigung kann jedoch nur gelingen, wenn wir Erwachsenen uns mit dem Thema „Sterben und Tod" rechtzeitig auseinandersetzen.

Fazit:

Ab einem gewissen Alter können Kinder realisieren, dass der Tod ein unwiderruflicher Abschied von diesem Leben ist. Die Art und Weise, wie sie mit diesem Abschied umgehen, ist beeindruckend. Sie sind, erst recht im Jugendalter, zwar tieftraurig, doch auf der anderen Seite auch bereit, ihr Schicksal so anzunehmen, wie es ist. Das größte Geschenk, das ihre Angehörigen und die sie betreuenden Erwachsenen ihnen machen können, liegt in Aufrichtigkeit und darin, diese Kinder nicht um jeden Preis festhalten zu wollen, sondern sie auf ihrem Weg in den Tod liebevoll zu begleiten und ihnen Bilder der Hoffnung auf eine andere Weise des Daseins in einer anderen Welt mitzugeben.

IV. Dem Himmel so nah – Wirklich? – Nahtoderlebnisse

Es mag altmodisch sein, aber ich glaube, dass das Ende des irdischen Lebens einen neuen Anfang auf einer höheren, leuchtenderen Ebene bedeutet.

(Annemarie Schimmel[55])

Was erleben Menschen, die ins Koma fallen und für einige Zeit dem Tod näher sind als dem Leben? Hunderte von Berichten über solche Grenzerfahrungen gibt es dank den Möglichkeiten der Reanimation und dank wissenschaftlicher Forschung inzwischen – drei davon seien stellvertretend für andere kurz wiedergegeben.

Sie sagen selbstverständlich nichts darüber aus, was die Menschen nach dem Tod erwartet – denn darüber lässt sich nichts Sicheres sagen, wie schon Immanuel Kant im 18. Jahrhundert in seiner „Kritik der reinen Vernunft" unmissverständlich darlegte. Dennoch meine ich, dass wir diese Berichte nicht a priori als – im wahrsten Sinn des Wortes – „Hirngespinste" abtun sollten, denn auch diese Annahme lässt sich nicht beweisen.

Fall 1

Es ist ein Mann, den ich persönlich kenne: Albert Biesinger, ein auch im Ruhestand noch sehr umtriebiger Professor für Religionspädagogik an der Universität Tübingen, der wenige Kilometer von mir entfernt wohnt. Er ist bodenständig, klug und vor allem ein leidenschaftlicher Kämpfer für die religiöse Erziehung von Kindern. Eines seiner Bücher trägt den Titel: „Kinder nicht um Gott betrügen. Warum religiöse Erziehung so wichtig ist". Im Jahr 2010, so schildert Biesinger (Jahrgang 1948) rückblickend,[56] begibt er sich zu einem Routineeingriff in die Uniklinik Tübingen: Ein Leistenbruch muss operiert werden, was ein paar Tage Aufenthalt im Krankenhaus erfordert. In der Nacht nach der Operation kommt es zu einer lebensgefährlichen Darmlähmung, bei der Magensaft in die Lunge drückt. Eine Notoperation folgt. „Wir schaffen es nicht", hört Biesinger noch einen der Ärzte sagen, dann versinkt er für elf Tage ins künstliche Koma. Leben und Tod ringen miteinander. Seine Familie macht schwerste Zeiten durch – ganz im Gegensatz zu Albert Biesinger. Was er während des Komas erlebte, war *„explosives Glück"*, wie er es nennt, verbunden mit *„hellem, warmem Licht"*. Biesinger fühlt sich losgelöst von seinem Körper und ist sich doch bewusst, dass er dem Tod entgegengeht. Doch irgendwann tut sich eine Grenze auf, sein überirdisches Glückserleben ebbt ab. Ihm wird klar: *„Meine Zeit zu gehen war noch nicht gekommen. Ich musste mich zurückarbeiten in meinen Körper."* Als er erwacht, ist er sich vollkommen sicher, dass er nicht geträumt hat. Was aber nimmt er mit aus seiner Erfahrung im Zwischenreich? *„Die Angst vor dem Tod habe ich verloren, die vor dem Sterben nicht"*, sagt Biesinger. Ihm ist klar, dass seine Erfahrung kein „Gottesbeweis" ist, doch in einem Punkt ist er sich nun sicher: *„Ich bin mehr als mein Körper."*

Fall 2

Zwei Jahre vor Biesinger erkrankt im fernen Nordamerika der 54jährige Neurochirurg Dr. Eben Alexander an einer extrem seltenen Form der Hirnhautentzündung, die von einer äußerst aggressiven Bakterienart ausgelöst wird und in den allermeisten Fällen zum Tod führt. Überleben Erwachsene die Krankheit, so besteht ein hohes Risiko, dass sie den Rest ihres Lebens im Wachkoma verbringen. Der Grund: Bei dieser Form von Meningitis ist der gesamte Neocortex entzündet und es droht die Gefahr, dass sein empfindliches Nervengewebe unwiderruflich zerstört wird. Als Neocortex bezeichnet man die vielfach gewundene und gefaltete, mehrere Zentimeter dicke Großhirnrinde des Menschen. In ihr finden all jene anspruchsvollen geistigen Aktivitäten statt, die den erwachsenen Menschen auszeichnen: Nachdenken, Kalkulieren, Vergleichen, Kombinieren, Analysieren, Abwägen, Planen, Erinnern, Einschätzen, logisches Schlussfolgern, Kreativität, Auseinandersetzung mit Gefühlen, Einfühlung in andere Menschen, Selbstüberwachung, Selbstdisziplin, Selbstbeobachtung und Selbsterkenntnis – um nur einige Prozesse zu nennen. Nach Überzeugung der Hirnforscher hängt auch unser Bewusstsein von einer funktionierenden Großhirnrinde ab, doch Alexander erlebt etwas anderes: obwohl seine Großhirnrinde quasi stillgelegt war, machte er eine Menge Erfahrungen, über die er nach seinem Wiedererwachen berichten konnte. Alexander ist ein Wissenschaftler, der eine strenge Schule der kritischen Prüfung von Annahmen und Behauptungen durchlaufen hat. Darüber hinaus besitzt er ein hochspezialisier-

tes Wissen über die Funktionen und Fähigkeiten des Gehirns, denn wer ins Gehirn chirurgisch eingreift, muss detaillierte Kenntnisse davon haben, welche Gehirnareale wofür zuständig sind. Aufgrund dieser Spezialkenntnisse zählt die Neurochirurgie zu den anspruchsvollsten Fachdisziplinen der Medizin.[57]
Wie durch ein Wunder überlebte Alexander nicht nur seine Erkrankung, sondern genas darüber hinaus vollständig, so dass er über seine Erlebnisse während des Komas einige Jahre später ein Buch schreiben konnte.[58] Alexander ist überzeugt davon, dass die Erlebnisse, die er im Koma hatte, eine Realität widerspiegeln, die dem Menschen normalerweise nicht zugänglich ist. Seine Erlebnisse sind vor allem von zwei Eigenschaften geprägt: von Schönheit[59] und Liebe. Alexander begegnet einer freundlichen jungen Frau[60], die eine dreifache Botschaft für ihn hatte:

Du wirst geliebt und geschätzt.
Du hast nichts zu befürchten.
Du kannst nichts falsch machen.[61]

Die Welt, die Alexander während seines Komas kennenlernte, ist für ihn die unsichtbare, spirituelle Seite der Existenz. Unser Gehirn lässt diesen Teil der Wirklichkeit nicht in unser Bewusstsein dringen, sondern bildet nach Alexanders Auffassung eine Art Barriere für jenen anderen Teil des großen Ganzen. Was könnte der Grund sein? Alexander vermutet, dass das menschliche Gehirn das Ziel hat, uns Menschen im Hier und Jetzt so effektiv wie möglich funktionieren zu lassen. Zu diesem Zweck blendet es mehr oder weniger alles aus, was dafür nicht unbedingt notwendig ist. Für den Arzt und Forscher ist klar: *„Wir leben in den Dimensionen des vertrauten Raums und der vertrauten Zeit, eingeschlossen von den ... Beschränkungen unserer Sinnesorgane ... Diese uns vertrauten Dimensionen haben zwar vieles für sich, aber sie schließen uns auch von anderen Dimensionen aus, die ebenfalls existieren."*[62] Pointiert bemerkt er: *„... Zu denken, diese physische Welt sei alles ... ist etwa so, als sperrte man sich selbst in einen kleinen Schrank und stellte sich vor, es gäbe außerhalb davon nichts anderes."*[63] Alexander ist sich sicher: Die Wissenschaft kann all das, was er dort oben gelernt hat, nicht bestreiten. Denn es gibt keine Möglichkeit, solche Erlebnisse zu überprüfen. Deshalb muss strikt zwischen Wissenschaft und Spiritualität unterschieden werden. Alexander weiß natürlich, *„dass sich zwischen unserer gegenwärtigen wissenschaftlichen Auffassung vom Universum und der Wahrheit, wie ich sie gesehen habe, immer noch ein tiefer Abgrund auftut, [das] ist eine ziemliche Untertreibung."*[64] Denn *„Fragen zur Seele, zum Leben nach dem Tod ... zu Gott ... sind mit den Mitteln der konventionellen Wissenschaft schwer zu beantworten, was dann so gedeutet wurde, dass all das möglicherweise gar nicht existiert."*[65]

Dem setzt er seine Überzeugung entgegen, dass die Spiritualität eine unerlässliche Ergänzung der Wissenschaft darstellt.[66] Wobei ihm völlig klar ist, dass *„die Realität Gottes in Wahrheit so völlig jenseits all unserer menschlichen Versuche liegt, Gott in Worte oder Bilder zu fassen, während wir hier auf der Erde sind."*[67]

Irgendwann während seiner Zeit im Koma bemerkt er, dass er langsam in sein irdisches Leben zurückkehrt: *„Ich*

*war auf dem Weg zurück, aber ich war nicht allein. Und ich wusste, dass ich mich nie wieder allein fühlen würde."*⁶⁸
Nicht ohne Bedenken beschließt er, nach seiner Genesung, seine Erfahrungen aufzuschreiben. Denn *„je mehr von meinem wissenschaftlichen Denken zurückkehrte, desto deutlicher sah ich, in welch radikalem Gegensatz das, was ich ... gelernt hatte, zu dem stand, was ich im Koma erlebt hatte, und desto mehr verstand ich, dass das Bewusstsein und die Persönlichkeit (unsre Seele oder unser Geist, wie manche es nennen würden) über den Körper hinaus existieren. Ich musste der Welt meine Geschichte erzählen."* ⁶⁹ Dabei ist er sich sicher, dass es nicht möglich ist, *„aus medizinischer Sicht zu behaupten, dass dies alles Fantasie gewesen sei."*⁷⁰
Zu dieser selbstbewussten Aussage kommt er, indem er jene wissenschaftlichen Theorien gründlich prüft, die in Nahtoderlebnissen lediglich selbsterzeugte Produkte des Gehirns sehen. Er stellt fest, dass all diese Theorien ein gravierendes Defizit aufweisen: Sie setzen einen *wenigstens in Teilen noch funktionierenden Neocortex* voraus. Dem stellt Alexander die These entgegen, dass bei jener Form von Meningitis, an der er erkrankt war, diese Voraussetzung nicht existierte und dass seine vollkommene Genesung ein medizinisches Wunder darstellte.⁷¹ Wie zu erwarten, monieren die Kritiker an Alexanders Nahtoderfahrung jedoch, dass seine Großhirnrinde in der Zeit, als sie sich *langsam wieder regenerierte*, die von ihm beschriebenen Erlebnisse selbst „produziert" haben könnte. Ich konnte zu diesem Einwand leider keine Stellungnahme von Eben Alexander dazu finden; möglicherweise erscheint sie ihm zu absurd.

Für ihn selbst hatte seine Erfahrung während der schweren Krankheit auf jeden Fall eine lebensverändernde Wirkung: *„Mein Nahtoderlebnis hatte meine gebrochene Seele geheilt. Es hatte mich wissen lassen, dass ich immer geliebt worden war ...".* Der Grund, weshalb diese Erkenntnis ihm so viel bedeutete, lag in der tiefsten Wunde seiner Kindheit: *„**Du wirst geliebt**. Das waren die Worte, die ich als Waisenkind, als Kind, das weggegeben worden war, so dringend hören musste. Es sind aber auch genau die Worte, die wir in dieser materiell orientierten Zeit alle hören müssen."*[72]

Fall 3

Sabine Mehne war 38 Jahre alt und hatte drei kleine Kinder, als sie im Jahr 1995 schwer erkrankte und mit unklaren Symptomen sowie massiven Schmerzen ins Krankenhaus eingeliefert wurde. Während einer Untersuchung machte sie eine Nahtoderfahrung: Plötzlich löste sich ihr Ich von ihrem Körper und sie fühlte sich eingehüllt in Licht, Freiheit und Leichtigkeit. Sie empfand sich als *„Teil des großen Ganzen"* und erlebte sich als total angenommen. Phasenweise hörte sie Musik, auch zogen wichtige Stationen ihres bisherigen Lebens wie im Zeitraffer an ihr vorbei. Es waren schöne Momente und Erfahrungen dabei, aber auch weniger beglückende Situationen. *„Diese"*, so berichtet Mehne, *„wurden einer neuen Bewertung unterzogen, dann konnte ich mir selbst und den damals Beteiligten verzeihen."* Während der ganzen Zeit sah sie die Ärzte unter sich, gleichzeitig empfand sie ein *„riesengroßes Geborgenheitsgefühl",*[73] das aber jäh abbrach, als sie sich in ihrem schmerzenden Körper wiederfand. Einen Monat später stand die Diagnose fest: Sie war an einem Non-Hodgkin-Lymphom erkrankt – einer Krebsart, die unbehandelt rasch zum Tod führt. Sabine Mehne konnte gerettet werden, doch ihre Nahtoderfahrung prägte ihre Einstellung zum weiteren Krankheitsverlauf: *„Ich fühlte eine besondere Kraft in mir, eine tiefe Geborgenheit und ein absolut sicheres Wissen, dass alles gut werden würde, auch nach dem Tod. Der Gedanke, unsere damals noch sehr kleinen Kinder nicht groß werden zu sehen, war schrecklich, aber auch sie wusste ich gut beschützt."*[74]

Selbst als Mehne, soweit es ihr möglich war, ins normale Leben zurückgekehrt war, wirkte ihr Erlebnis weiter, ja, es veränderte ihr weiteres Leben.[75] Zum einen fürchtet sie den Tod nicht mehr: *„Für mich ist der Tod eine Schwelle, ein Übergang in eine neue, andere Dimension. Jeder, der den Tod nicht mehr fürchtet, führt ein viel besseres Leben … Ohne Angst vor dem Letzten geht es viel leichter und liebevoller. Ich habe verstanden, dass es Tod und Leben nur im Doppelpack gibt. Jede Sekunde, die ich lebe, bringt mir das Bewusstsein, dass ich mich dem Moment nähere, der mich ins Licht hinübergleiten lässt. Würde in meinem Tod nur das geschehen, was ich während meines Nahtoderlebnisses erlebte, dann würde es mir schon reichen. Dies nochmal erleben zu dürfen ist eine so tröstliche, ja wunderbare Vorstellung, die alle Angst umwandelt …"*[76] Was sie erlebt hat, nimmt sie sehr ernst: *„Die Erfahrung, dass sich während des Sterbeprozesses bis zum Tod etwas in uns löst, was sich dann ganz von der materiellen Hülle trennt, finde ich genial. Kein besseres Modell kann ich mir denken. Das, was wir beerdigen, ist für mich die Hülle …".*[77]

Dies sind drei Fälle, die stellvertretend für inzwischen einige hundert Zeugnisse von Nahtoderfahrungen stehen. Der Diplomtheologe und -psychologe Joachim Nicolay hat sich der Mühe unterzogen, eine stattliche Anzahl solcher Berichte zusammenzutragen und einer systematischen Auswertung zu unterziehen.[78]

Eine erste Erkenntnis lautet, dass nicht alle Menschen, die Erfahrungen mit einer anderen Welt machten, dem Tod nahe sein mussten, weshalb die Bezeichnung Nahtoderfahrung irreführend ist. Stimmiger wäre der Ausdruck Transzendenzerfahrung, wie der Theologe Stefan Högl anregt.[79]

Dennoch bleibe ich im folgenden bei dem in der Wissenschaft etablierten Begriff der Nahtoderfahrung und kürze sie mit NTE ab.

Noch einmal sei betont: Nahtoderfahrungen stellen keine Beweise für ein Weiterleben nach dem Tod dar. Erst recht können sie uns kein sicheres Wissen darüber geben, ob nach der Schwelle des physischen Todes etwas oder jemand auf uns wartet und wenn ja, wie wir dieses Etwas oder diesen Jemand wahrnehmen werden. Doch es lohnt sich, so meint Nicolay, diese Erfahrungen ernst zu nehmen und genauer zu betrachten.

Welche Jenseitsbilder zeichnen sich in den Nahtoderlebnissen ab?

- Die Betreffenden schildern, dass das, was man normalerweise mit der Persönlichkeit umschreibt (ein etwas präziserer Begriff als Seele), in die andere Welt mit hinübergenommen wird. Es kommt folglich nicht zu einer Auflösung der unverwechselbaren Identität des Einzelnen, sondern das Ich geht sozusagen in etwas viel Größerem auf. Der Mensch befreit sich von seiner Ichbefangenheit, die er im Leben nur selten, wenn überhaupt, überwinden kann.

- Die Betreffenden stellen fest, dass sie während ihrer NTE leben – jedoch nicht in ihrem physischen Körper. Ebenso nehmen viele von ihnen noch ihre Umgebung wahr, ohne selbst wahrgenommen zu werden.

- Sie sind *„von einem Gefühl großer Gelassenheit und tiefen Friedens"* erfüllt und empfinden gegenüber ihrem physischen Körper eine gewisse Distanz.[80]

- Die jenseitige Welt, in die sie eintauchen, wird mit Begriffen wie *„Schönheit, Harmonie, ein Gefühl umfassender Liebe"* beschrieben. Gleichzeitig betonen viele, dass die Sprache nicht ausreiche, um ihre Wahrnehmungen zu beschreiben.

- Die Betroffenen empfinden vorwiegend tiefe Freude, vollkommenes Glück, ein überwältigendes Empfinden der Einheit mit ihrer Umgebung sowie ein Gefühl der *„Ganzheit und Integrität"*.[81]

Nicolay kommentiert: *„Erfahrungen der Wiederherstellung ... scheinen zu besagen: Wir mögen uns in diesem Leben aus vielerlei Gründen beeinträchtigt, verletzt, beschädigt fühlen, in der Welt des Lichtes und der bedingungs-*

losen Liebe werden wir unsere Unversehrtheit und Ganzheit wiederfinden." Viele, doch nicht alle, berichten auch, dass sie mit lange vermissten Menschen wiedervereint waren, und dass die gesamte Schöpfung, die sie erlebten, etwas Paradiesisches hatte und von der Gegenwart Gottes erfüllt war.[82]

Das Glück, welches jene empfanden, die eine Transzendenzerfahrung machten, hat möglicherweise, so Nicolay, etwas mit einer Tiefenschicht der Seele zu tun, die noch etwas von ihrer Herkunft und Bestimmung zu ahnen scheint. Aus dieser Ahnung erwächst eine unbestimmte Sehnsucht, wie sie beispielsweise in vielen Gedichten Joseph von Eichendorffs zum Ausdruck kommt. Eines davon („Mondnacht"), von Robert Schumann vertont, lautet:

Es war, als hätt' der Himmel
die Erde still geküsst,
dass sie im Blütenschimmer
von ihm nun träumen müsst.

Die Luft ging durch die Felder,
die Ähren wogten sacht,
es rauschten leis die Wälder,
so sternklar war die Nacht.

Und meine Seele spannte
weit ihre Flügel aus,
flog durch die stillen Lande,
als flöge sie nach Haus.

Nach Haus, damit kann auch unsere ewige Heimat gemeint sein, von der Nahtoderlebnisse – möglicherweise – ja eine Ahnung vermitteln.

Die Sehnsucht nach einer ursprünglichen Einheit spiegelt auch der Schöpfungsmythos im Alten Testament. Er erzählt, dass die beiden ersten Menschen Adam und Eva in einem umgrenzten, wohlgeordneten Garten lebten – dem Paradies. Sie teilten diesen Garten mit Gott, der in der Abendkühle im Garten spazieren ging (Genesis 3,8). Mit dieser eher beiläufigen Bemerkung wird eine Nähe und Vertrautheit zwischen Mensch und Gott beschworen, die in der Phantasie der biblischen Autoren zu Beginn der Menschheitsgeschichte bestanden haben musste. Spiegelt sich in dieser Vorstellung möglicherweise jene Sehnsucht, die in so vielen Nahtoderlebnissen ihre Erfüllung findet?

Doch das eigentliche Ziel der Paradiesgeschichte ist es, zu erklären, weshalb es zum Riss zwischen Mensch und Gott kam. Da Gott nach dem Vorbild antiker Staatsformen als Herrscher gedacht wurde, dem seine Geschöpfe unbedingten Gehorsam schulden, konnte dieser Riss nach damaligem Denken nur durch Ungehorsam entstanden sein. Eva und Adam missachteten ein striktes Verbot Gottes, mit der Folge, dass sie von Gott aus dem Paradies gewiesen wurden. Damit begann ein Leben im Schweiße des Angesichts, was nichts anderes bedeutet als ein Leben mit mehr Eigenverantwortung, wie sie mündigen Menschen zu eigen ist. Doch gravierender war die damit erfolgte Distanz zu Gott, das Zerbrechen der ursprünglichen Einheit zwischen Schöpfer und Geschöpf. Ahnen wir etwas davon?

"Spätestens im Tod", schreibt Nicolay, *"könnte die Sehnsucht nach Rückkehr in die ‚Heimat' wach werden. Die Menschen erinnern sich ihrer Zugehörigkeit zur göttlichen Einheit und empfinden den unwiderstehlichen Wunsch, zur Quelle, aus der sie kommen, zurückzukehren."*[83] Welch ein schöner und hilfreicher Gedanke! Er würde erklären, weshalb so viele Philosophen aller Zeiten und Religionen zu der Erkenntnis kamen, dass alle Versuche, dem Leben ohne jeden Transzendenzbezug so etwas wie Sinnerfüllung zu geben, von einer gewissen Fragwürdigkeit überschattet sind. Man denke nur – um einen Philosophen des 19. Jahrhunderts zu zitieren – an Nietzsches Parabel vom tollen Menschen, der am helllichten Tag eine Laterne anzündet, um Gott zu suchen. Verzweifelt ruft er: *„... Irren wir nicht wie durch ein unendliches Nichts? Haucht uns nicht der leere Raum an? Ist es nicht kälter geworden? Kommt nicht immerfort die Nacht und mehr Nacht?"*[84] Auffallend ist, dass Nietzsche hier mit geradezu unheimlicher Treffsicherheit den Mangel an all jenem beschreibt, was die Menschen in ihren Nahtoderlebnissen so intensiv erlebten: Licht, Schönheit, Geborgenheit, Angekommensein, Liebe, emotionale Wärme.

Nicolay schlussfolgert: Es scheint, als ob der sterbende Mensch zu seinem göttlichen Ursprung zurückkehrt – sofern er bereit ist, seine Ichbezogenheit hinter sich zu lassen. Dann wird er die *„Wiedervereinigung des Getrennten"* als höchstes Glück erleben.[85]
Sofern er bereit ist? An diesem Punkt macht Nicolay eine wichtige Einschränkung, denn es gibt auch negative Nahtoderlebnisse. Sie sind offenbar charakterisiert von Ge-

fühlen äußerster Angst oder Panik. Auch Empfindungen des Verlorenseins, der Einsamkeit und Trostlosigkeit werden beschrieben, sowie die Erfahrung einer dunklen, düsteren, feindlichen Umgebung. Es scheint, dass es bei den Menschen mit diesen Nahtoderfahrungen innere Barrieren gibt, die ihnen „*den Weg ins Licht und in die (positive) Begegnung mit Gott versperren.*"[86] Diese Barrieren könnten, folgt man den Berichten, mit Hass, Groll und Unversöhnlichkeit zu Lebzeiten in Verbindung stehen. Es ist möglich, so folgert Nicolay, „*dass die Art, wie Menschen ihr Leben führen, bedeutsam ist – für andere und für sie selbst, für dieses Leben und (möglicherweise) auch für eine Existenz ‚danach'. Vor diesem Hintergrund kommt dem Umgang mit Aggressionen und feindseligen Gefühlen eine besondere Bedeutung zu ... Negative Nahtoderfahrungen legen nahe, dass die Problematik von Hass und Gewaltfantasien mit dem Tod nicht endet. Nahtoderfahrene unterstreichen deshalb die Bedeutung des Verzeihens.*"[87]

Zu diesen Aussagen findet sich eine erstaunliche Parallele in den Worten Jesu: „*Selig die Barmherzigen; denn sie werden Erbarmen finden. Selig, die rein sind im Herzen; denn sie werden Gott schauen. Selig, die Frieden stiften; denn sie werden Kinder Gottes genannt werden.*" (Mt 5,7-9). Weiter heißt es dort: „*Richtet nicht, damit ihr nicht gerichtet werdet! Denn wie ihr richtet, so werdet ihr gerichtet werden ...*" (Mt 7,1f.) Damit wird ein klarer Zusammenhang hergestellt zwischen dem Verhalten des Menschen im irdischen Leben und seinem Ergehen im jenseitigen Leben. Inwieweit diese Worte schlichtes menschliches Vergeltungsdenken widerspiegeln, lässt sich nicht definitiv entscheiden. Naheliegend ist in diesem Zusammenhang jedoch, an eine Möglichkeit der Läuterung oder des spirituellen Reifens zu denken, nachdem der Mensch die Schwelle des Todes passiert hat. Nicolay konstatiert: *„Negative Nahtoderfahrungen machen deutlich, dass nach dem Tod nicht alle Wege ‚ins Licht' führen. Mit ihrem Denken und Tun prägen die Menschen ihren Charakter und ihre Persönlichkeit, die sie mit ‚hinüber' nehmen ... Wer Liebe und Freundlichkeit sät, wird Liebe und Freundlichkeit ernten. Wer Hass und Kränkungen sät, wird Hass und Kränkungen ernten. Die Bereitschaft zum Verzeihen ist grundlegend. Auch nach dem Tod sind weitere Entwicklungsprozesse möglich."*[88]

Interessant ist die Erfahrung einer Frau, die während ihres Nahtoderlebnisses auf ihr Leben zurückblickte. Sie erlebte diese Rückschau nicht als moralische Prüfung, in der Handlungen nach gut oder böse unterschieden wurden. Stattdessen wurden sie danach beurteilt, was sie an Leid und Freude *bei anderen* ausgelöst hatten. Entscheidend war offensichtlich, was sich auf der Beziehungsebene abgespielt hatte: Wirkte es lebensfördernd oder lebensfeindlich, gar lebenszerstörend?
Dieser Maßstab entspricht einem Gerichtsgleichnis (Matthäus 25,31-46), in dem Jesus darlegt, nach welchen Handlungen er die Menschen einst beurteilen wird. Es fällt auf, dass es sich in allen Fällen um ganz konkrete, lebensunterstützende Taten handelt:
Denn ich war hungrig und ihr habt mir zu essen gegeben; ich war durstig und ihr habt mir zu trinken gegeben; ich

war fremd und ihr habt mich aufgenommen; ich war nackt und ihr habt mir Kleidung gegeben; ich war krank und ihr habt mich besucht; ich war im Gefängnis und ihr seid zu mir gekommen. (Mt 25,35f.)

All diese Taten der Nächstenliebe können auch im übertragenen Sinn zu verstehen sein: Menschen hungern nicht nur nach Nahrung, sondern auch nach Worten, die ihnen Trost und Orientierung geben. Menschen dürsten nicht nur nach Wasser, sondern auch nach Zuwendung und Anerkennung. Sie bedürfen der herzlichen Gastfreundschaft, wenn sie in der Fremde und auf andere Menschen angewiesen sind. Sie sind auf Schutz vor Beschämung, Bloßstellung und vor seelischen Verletzungen angewiesen. Sie hungern nach Menschen, die auch seelische Krankheit, allen voran die Not der Einsamkeit, als Leiden erkennen und ernstnehmen. Und wir alle bedürfen der Mitmenschen, die uns, wenn wir aus eigener Kraft nicht zu ihnen gehen können, nicht allein lassen, sondern sich auf den Weg zu uns machen.
Es sind diese eher unscheinbaren, alltäglichen Taten der Liebe, die wenig Aufhebens von sich machen, auf die es jedoch im Erleben mancher Nahtoderfahrener entscheidend ankam.

Man kann ohne Übertreibung sagen: die überwiegende Mehrheit derer, die ein Nahtoderlebnis hatten, erlebte diesen Zustand *„wie eine Geburt in ein neues Leben."*[89] Dieses neue Leben wurde als so erfüllend empfunden, dass die Rückkehr ins irdische Leben teilweise fast eine Art von Enttäuschung darstellte. Offen gesteht eine Frau, bei der es während einer Operation zu einem Herzstillstand gekommen war, was für Konsequenzen ihr Nahtoderlebnis für sie hatte: *„Ich glaube, das Zurückkommen nach einer solchen Erfahrung ist die schwierigste Phase. Wenn Sie zurückkommen und die Angehörigen stehen drum herum und alle sind froh, dass Sie wieder da sind – Sie können denen gar nicht begreiflich machen, dass Sie eigentlich lieber weggegangen wären, ohne dass es mit den Personen an sich zu tun hat. Sie würden sie ja nur furchtbar verletzen..."*[90] Aus ihrer Erfahrung zieht sie den Schluss: *„Ich glaube, ich kann mit dem Tod besser umgehen als jeder andere. Wenn heute jemand stirbt... trauere ich zwar, dass es diesen Menschen nicht mehr gibt... aber ich betrauere nicht, dass er gestorben ist."*[91]

Diese Einstellung bedeutet nicht, dass die Tatsache, leben zu dürfen und noch am Leben zu sein, geringgeschätzt wird – doch sie wird nicht mehr überbewertet. Die Überzeugung, dass ein neues, unter Umständen viel erfüllenderes anderes Dasein nach dem Tod auf den Menschen wartet, gibt den Menschen mit einer Nahtoderfahrung Gelassenheit. Oft sind sie danach furchtlos – nicht unbedingt in Bezug auf das Sterben, das ja ein längerer Prozess sein kann, doch in Bezug auf den Tod als Ende der irdischen Existenz.

Ein Nahtoderfahrener zieht nüchtern Bilanz: *„Ich bin ein ziemlicher Realist. An das, was ich nicht messen kann, was ich nicht sehen kann, was ich nicht fühlen kann, hab ich früher nicht geglaubt. Aber dieses Erlebnis hat mir zu denken gegeben. Es gibt irgendetwas, es gibt eine andere Dimension... Ich nenne es die vierte Ebene, es gibt noch eine andere Realität... Für mich ist der Tod der Abschluss einer*

Daseinsform und der Beginn einer neuen Daseinsform. Ein Endpunkt und gleichzeitig ein Anfang. Man kann ihn als Tür bezeichnen...".[92]

Auch Sabine Mehne betont: *„Für mich ist der Tod etwas Großes. Ich habe Respekt vor ihm und ich weiß von seiner Wandlungskraft. Aber ich fürchte ihn nicht mehr. Ich lebe mein Leben in der Allgegenwart des Todes, und dadurch wird meine Lebenszeit intensiver, liebevoller und achtsamer."*[93]

Beeindruckend ist, dass die Nahtoderfahrenen nach ihrem Erlebnis eher bereit und in der Lage zu sein scheinen, bei allem eigenen Planen und Handeln daran zu denken, dass der Tod jederzeit in ihr Leben treten kann. Der Gedanke, das Leben eines Tages loslassen zu müssen, ist für sie offenbar leichter erträglich. Der Psychiater und Psychotherapeut Eckart Wiesenhütter beschreibt sehr konkret, wie sich sein Daseinsgefühl nach seiner Nahtoderfahrung verändert hat: *„Ob ich nun Auto fahre oder über die Straße gehe, wohin ich mich wende, begleitet mich der Tod wie ein lieb gewordener Gefährte. Die Angst davor ist verschwunden."*[94]

Fazit:

„Warum beweisen die Sterbeerlebnisse nichts für ein Leben nach dem Tod? Der eigentliche Grund ist ebenso einfach wie einleuchtend: weil diese Sterbenden nicht wirklich gestorben sind, nicht definitiv tot waren." So bringt es Hans Küng auf den Punkt.[95] Menschen, die ein Nahtoderlebnis hatten, standen an der Schwelle des Todes, doch sie haben sie nicht definitiv überschritten. Dennoch sind ihre Erlebnisse ernst zu nehmen – nicht als Schilderungen einer sicher vorhandenen Realität, sondern einer möglichen anderen Wirklichkeit, die uns jenseits der Todesschwelle erwartet. Erfahrungen sind, so real und intensiv sie für den Betreffenden sein mögen, niemals mit Fakten gleichzusetzen – das muss an dieser Stelle noch einmal betont werden.

V. „... dass der Gedanke an den Tod das Leben wertvoller macht" – Konsequenzen für die Lebensgestaltung

Ich bedaure, wie wenig Menschen über den Tod nachdenken. Das macht mich manchmal richtig wütend. Ich kann jederzeit sterben. Jedes meiner Kinder kann jederzeit sterben. Und wenn ich dann lese: ‚Mit 82 Jahren plötzlich und unerwartet gestorben', das ist doch verrückt. Das ist weder plötzlich, noch kann es unerwartet sein, mit 82 muss ich schon einmal darüber nachgedacht haben.
(Margot Käßmann[96])

Die Bedeutung der Verbundenheit und Mitmenschlichkeit

Glaubt man den Menschen, die während ihrer Nahtoderfahrung eine Art Lebensrückblick durchlebt haben, so veränderten sich nach ihrer Rückkehr ins Leben ihre Wertmaßstäbe und sie setzten neue Prioritäten. Nicolay fasst zusammen: *„Den Menschen wird bewusst, dass es im Leben weniger auf herausragende Leistungen ankommt ... Stattdessen rückt die gegenseitige Verbundenheit ins Zentrum. Die* *für viele wichtigste Erkenntnis aus dem Lebensrückblick bezieht sich auf die Bedeutung, die der Begegnung und dem Umgang mit anderen Menschen zukommt."*[97] Mit anderen Worten: die von vielen intensiv erlebte Erfahrung von Liebe und Angenommensein in der jenseitigen Welt hatte Konsequenzen für die eigene Lebensführung. Die Vorstellung der Betroffenen von dem, was das Wesen der Liebe ist, wandelte sich: Entscheidend war nicht mehr, im anderen die Befriedigung eigener Wünsche und Sehnsüchte zu suchen und zu finden. Denn diese Form der Liebe stellt das eigene Ego in den Mittelpunkt. Nahtoderfahrene begreifen, dass es viel wichtiger ist, eine Form der Mitmenschlichkeit zu entwickeln, in welcher der Mensch sich selbst zunächst zurücknimmt, um offener für das Gegenüber sein zu können. Es erscheint, als ob die bedingungslose Liebe, die etliche der Betroffenen erlebt hatten, auf sie in gewissem Sinn abfärbte, indem sie die Bedeutung dieser Form von Liebe in ihrem eigenen Leben klarer erkannten.[98]

Es ist jene Haltung der Liebe, die Jesus von Nazaret in seinen Einzelbegegnungen, soweit wir sie aus den Evangelien kennen, praktizierte. Diese Haltung besteht im Wesentlichen in der individuellen Zuwendung zum Gegenüber in seiner akuten Bedürftigkeit. Was damit gemeint sein könnte, macht Jesus in seinem Gleichnis vom barmherzigen Samariter deutlich (Lukas 10,25-37): Ein Mensch wird Opfer eines Raubüberfalls und drei Männer, jeder mit einem konkreten Reiseziel, passieren die Stelle, an der er hilflos und halbtot liegt. Nur einer von ihnen unterbricht seine Wanderung und wendet sich dem Verletzten zu, die anderen beiden eilen vorbei. *„Was meinst du: Wer von den dreien ist dem Mann, der von den Räubern überfallen* *wurde, als Mitmensch begegnet?"* fragt Jesus sein Gegenüber und macht damit deutlich, dass der Mensch auch in einer solchen Situation eine Wahl hat. Es ist die Wahl, ob er lediglich Mensch oder auch Mitmensch sein möchte. Mitmensch zu sein bedeutet die größere Herausforderung, weil sie mit der Bereitschaft zur Anteilnahme – und damit zu einer Form der begrenzten Verantwortungsübernahme – verbunden ist.

Nachdenklich macht, dass Nahtoderlebende in ihren Lebensrückblicken oft genau dies erkannten: wie weitreichend die Konsequenzen ihres Verhaltens anderen gegenüber waren und sind – im Positiven wie im Negativen. Diese Erkenntnis machte sie offenbar, ins Leben zurückgekehrt, aufmerksamer gegenüber anderen Menschen. *„Lebensrückblicke"*, resümiert Nicolay, *„sensibilisieren für alle Aspekte des menschlichen Zusammenlebens. Jede Begegnung mit einem Menschen … jedes Wort, jeder Gedanke, jede Tat erscheinen bedeutsam. Die Menschen erleben sich in einer so vielschichtigen und subtilen Weise mit anderen verbunden, wie es ihnen vorher nicht bewusst war."*[99] Natürlich betrifft dies nicht nur die positiven Formen der Zuwendung. Auch für die Verletzungen, die man Menschen zufügt, wird man feinfühliger.

Die Verschiebung der Werte

Wenn Verbundenheit und Mitmenschlichkeit wertvoller werden, muss anderes dafür an Bedeutung verlieren. Es überrascht nicht, dass fast alle Nahtoderfahrenen berichten, ihnen seien Beziehungen wichtiger geworden – Beziehungen zu Menschen, zur Natur, zu Lebendigem in seiner ganzen Vielfalt. Natürlich auch die Beziehung zu sich selbst. Ein Qualitätsmerkmal dieser Beziehungen ist die Tiefe und Verbindlichkeit, in der sie gelebt und empfunden werden. Damit verschieben sich zwangsläufig die Bewertungen dessen, was wichtig ist im Leben, denn verbindliche Beziehungen entstehen nur, wenn Zeit investiert wird.

Wer hingegen Ziele wie Karriere, Reichtum, Macht, Ansehen und maximale persönliche Freiheit für vorrangig erachtet – wie es in unserer Gesellschaft nach wie vor als erstrebenswert angesehen wird –, betrachtet andere Menschen in erster Linie unter Nützlichkeitsaspekten und Zweckgesichtspunkten. Zeit wird dann in erster Linie dort investiert, wo es sich in irgendeiner Weise rechnet, wo die eigenen Bedürfnisse befriedigt werden und wo Vorteile zu erwarten sind. Das bedeutet, dass eine Liebe, die von *zweckfreier Zuwendung* zum anderen geprägt ist, nicht viel Raum einnehmen darf, da sie unter dem Gesichtspunkt der eigenen Interessen ja Zeitverschwendung sein könnte. Schließlich gehen jene Zeit und jene Energien, die man für andere aufwendet – seien es Kinder, Alte, Freunde oder Fremde –, für die Verfolgung der eigenen Interessen und Projekte verloren.

Es scheint, als ob Menschen mit einer Nahtoderfahrung eher Distanz zu all den Zielen entwickeln, die in den Augen der meisten Menschen auf Erden für höchst erstrebenswert angesehen werden. Denn *sub specie aeternitatis* (deutsch: unter dem Gesichtspunkt der Ewigkeit) verliert

ein Großteil dessen, was vordergründig enorm wichtig erscheint, seine existenzielle Bedeutung.
Doch muss man erst ein Nahtoderlebnis gehabt haben, um mehr Abstand zu dem zu bekommen, was die Mehrheit der Menschen für äußerst wichtig erachtet? Natürlich nicht – nachdenkliche Menschen, Philosophen aller Zeiten und Kulturen, ebenso wie religiös inspirierte Führer, entwickeln diese kritische Distanz auch ohne solche Grenzerfahrungen. Ja, selbst in populären Schlagern kann sie anklingen. Der Liedermacher Reinhard Mey hat in einem seiner bekanntesten Lieder schlichte Worte dafür gefunden:

Wind Nord-Ost, Startbahn Null-Drei,
bis hier hör ich die Motoren.
Wie ein Pfeil zieht sie vorbei,
und es dröhnt in meinen Ohren.
Und der nasse Asphalt bebt,
wie ein Schleier staubt der Regen,
bis sie abhebt und sie schwebt, der Sonne entgegen.
Über den Wolken muss die Freiheit wohl grenzenlos sein.
Alle Ängste, alle Sorgen, sagt man,
blieben darunter verborgen,
und dann
würde alles, was uns groß und wichtig erscheint,
plötzlich nichtig und klein.
Ich seh' ihr noch lange nach,
seh' sie die dunklen Wolken erklimmen,
bis die Lichter nach und nach
ganz im Regengrau verschwimmen.
Meine Augen haben schon jenen winz'gen Punkt verloren,
nur von fern klingt monoton das Summen der Motoren.

Über den Wolken ...
Dann ist alles still, ich geh,
Regen durchdringt meine Jacke.
Irgendjemand kocht Kaffee in der Luftaufsichtsbaracke.
In den Pfützen schwimmt Benzin
schillernd wie ein Regenbogen,
Wolken spiegeln sich darin, ich wär gern mitgeflogen.
Über den Wolken ...

Was die meisten Hörer dieses Liedes möglicherweise nur mit dem Fliegen in Verbindung bringen – Reinhard Mey schildert ja das Starten und Entschwinden eines Flugzeugs –, könnte durchaus auch auf den Himmel in der Bedeutung des Jenseits bezogen sein. Ja, hier bekommt Meys Refrain erst seinen eigentlichen Zauber, seine Hintergründigkeit – denn das reale Erleben, im Flugzeug über den Wolken zu schweben, ist zwar beeindruckend, bringt jedoch die Menschen in aller Regel nicht dazu, grundsätzlich über ihr Leben nachzudenken. Im Gegenteil – meine Gespräche mit einem leidenschaftlichen Piloten, der viele Jahre für die Luftaufnahmen eines Fotografen seine Flugkünste einsetzte, machten mir klar, wie hochkonzentriert derjenige sein muss, der ein Flugzeug steuert und es sicher in die Höhe, aber ebenso sicher auch wieder auf den Boden bringen möchte. Dem Gefühl der Freiheit werden nicht nur durch die enge Kabine, sondern auch durch die Abhängigkeit von funktionierender Technik, ganz zu schweigen von der wechselnden Wetterlage, klare Grenzen gesetzt.
Auch wenn ich selbst schon in großen oder kleineren Linienmaschinen mitflog und die Gespräche während eines

Fluges aufmerksam verfolgte, stellte ich fest, dass sie sich um die gleichen Alltagsthemen und -sorgen drehten, die auch unter den Wolken, sprich: im Alltag der Menschen im Mittelpunkt stehen. Allein der Blick aus weiter Höhe auf die Wolken oder hinunter auf Land, Städte oder Meer, bringt noch keine seelische Distanz zu dem hervor, was einen da drunten antreibt und beschäftigt. Ich vermute, dass Reinhard Mey dies auch gar nicht behaupten möchte, sondern dass er das Bild des Darüberschwebens bewusst als Metapher benutzt, die im Hörer andere, tiefer liegende Gedanken und Gefühle wecken soll. Mey betont den Kontrast zwischen der grauen Stimmung eines regenverhangenen Tages, an dem er sich einsam wieder vom Flugplatz trollt, und dem Gefühl des Entrücktseins, das er mit dem Sein über den Wolken verbindet.

Im Deutschen wird das Wort Himmel ja sowohl für das Firmament über uns als auch für den unsichtbaren Raum benutzt, in den man im christlichen Sprachgebrauch nach dem Tod eingeht. Die englische Sprache hat dafür zwei verschiedene Begriffe; *sky* bezeichnet den sichtbaren Himmel und *heaven* den spirituellen Himmel.[100]

Könnte es sein, dass Reinhard Mey in seinem Song auf jene Ursehnsucht des Menschen anspielt, die auch der Dichter Joseph von Eichendorff in seinem Bild von der Seele andeutete, die sich wie ein Vogel feierlich in die Lüfte erhebt? Eine Sehnsucht, die Mey dadurch charakterisiert, dass alles, was uns auf Erden belastet und bedrückt, ausfüllt und gefangen nimmt, mit einem Mal von uns abfällt – ähnlich dem, was die Nahtoderlebnisse in vielfacher Weise beschreiben.

Es scheint, als ob diese Distanz, die Mey so verlockend erscheint, weil sie zur Freiheit von Angst und Sorgen führt, im Leben leichter gefunden wird, wenn man dem Himmel tatsächlich schon etwas näher war.

Die Aufzeichnungen des an Krebs verstorbenen Peter Noll

Auch Menschen, die auf ihr irdisches Lebensende zugehen und ihm bewusst ins Auge schauen, bekommen unter Umständen einen sehr klaren Blick für das, worauf es im Dasein wirklich ankommt. Ein besonders beeindruckendes Beispiel dafür ist der Schweizer Jurist Peter Noll. Drei Tage vor dem Ende des Jahres 1981 erfuhr er, dass er einen gefährlichen Tumor in der Blase hat. Eine Operation, so informierte man ihn, könnte keine Heilung, sondern allenfalls eine Aufschiebung des Todes bewirken, allerdings sei sie verbunden mit schweren Nebenwirkungen. Daraufhin entschied der 55jährige, auf den chirurgischen Eingriff zu verzichten. Die ihm verbleibende Zeit – die Ärzte gaben ihm höchstens noch ein Jahr – nutzte er, um „Diktate über Sterben und Tod" zu verfassen, zu denen sein Freund, der Schriftsteller Max Frisch, ihn angeregt hatte.[101] Neun Monate folgten, in denen Noll trotz zunehmender gesundheitlicher Einschränkungen seine Gedanken notierte, einige ihm wichtige Beziehungen intensiv pflegte (Noll war geschieden und hatte zwei Töchter) und seine persönlichen Angelegenheiten ordnete. Nolls Diktate handeln von sehr vielen Themen – juristische und philosophische, vor allem aber theologische Fragestellungen beschäftigen ihn ebenso wie menschliche Begegnungen. Und immer wieder kreisen die Gedanken natürlich um die fortschreitende Krankheit und um die körperlichen und seelischen Veränderungen, die Noll an sich beobachtet. Beeindruckend in seinen Notizen sind die präzise und aufrichtige Selbst- und Fremdbeobachtung sowie der Wille und die Fähigkeit, sich nicht ständig nur mit der eigenen Erkrankung zu beschäftigen. Nicht zuletzt fasziniert der fast heroische Verzicht auf Selbstmitleid, der seine Aufzeichnungen durchzieht. Gewiss spielt bei der Auswahl dessen, was Noll zu Papier bringt, auch der Gedanke an den ersten Leser seiner Diktate eine Rolle: Es ist sein Freund Max Frisch, der ihn immer wieder besucht, ihn sogar im April 1982 noch zu einer Ägyptenreise überredet, die jedoch frühzeitig wegen eines gesundheitlichen Einbruchs Nolls abgebrochen werden muss.

Am 7. Januar 1982 notiert Peter Noll: *„Eigentlich sollte das Denken an den Tod für jedermann eine lebenslange Beschäftigung sein. Doch ist damit die menschliche Psyche überfordert. Wir müssen so leben, als wären wir unsterblich ... Dennoch ist der Satz voll von Wahrheit: ‚Herr, lehre uns bedenken, dass wir sterben müssen, damit wir weise werden' (Psalm 90.12)."*[102] Noll setzt sich intensiv mit dem christlichen Gedankengut auseinander, das er als Sohn eines Pfarrers von Kindheit an kennenlernte, aber offenbar nun mit einigem intellektuellem Abstand betrachtet. Einen Monat später kommt er wieder auf den oben erwähnten Psalmvers zu sprechen und fragt: *„Welche Weisheit soll das Denken an den Tod vermitteln? ... Ich versuche* *es mit den folgenden Überlegungen: 1. Die Zeit wird wertvoller, viel wertvoller als Geld... Für alle, die genug Geld haben, ist Geld nur Symbol und Fetisch. Dafür wird die Zeit umso wichtiger, je klarer das Wissen um ihre Grenze... Du wirst gegenüber den zahllosen Möglichkeiten des Lebens selektiver sein und nicht einfach diejenigen akzeptieren, die konventionell z.B. zur steilen Karriere führen, oder, wenn du schon ziemlich weit oben bist, nicht Amt auf Amt häufen, nur um überall dabeizusein. Dies ist die vertane, verlorene Zeit, nicht diejenige, die jemand bei einer Frau verbringt oder in Gesprächen mit Freunden. Auf der anderen Seite wirst du weniger Aufgaben auf später verschieben... Zugleich wirst du fragen: Was habe ich vernachlässigt? Was sollte ich mehr pflegen? Was gäbe mehr Sinn? Welche Momente habe ich zu wenig genützt, welche sollte ich mehr nützen?"* [103]

Deutlich wird auch hier – wie bei den Nahtoderfahrenen – dass der Sinn für die Qualität dessen, womit man die Zeit verbringt, sensibler wird. Man unterscheidet klarer zwischen lediglich ausgefüllter und erfüllter Zeit – eine Differenz, die vielen gedankenlos dahinlebenden Menschen nie bewusst wird.[104] Bezeichnend ist, dass Peter Noll die enge körperliche oder geistig-seelische Verbundenheit mit einer Frau oder Freunden an erster Stelle nennt, wenn er an sinnerfüllt verbrachte Zeit denkt. Auch er spürt offenbar, dass erfüllte Zeit immer etwas mit wechselseitiger Liebe und Wertschätzung zu tun hat, wohingegen die Verfolgung von Zielen, die mit Karriere, Reichtum und Ansehen zu tun haben, noch kein sinnerfülltes Dasein bedeutet.

Schon zwei Monate nach Erhalt seiner Krebsdiagnose macht Noll einen ersten Entwurf jener Ansprache, die an seiner Beerdigung verlesen werden soll. Darin schreibt er: *„Nicht nur die Christen, sondern besonders die Nichtchristen, von Seneca und Montaigne bis ... zu Heidegger, waren der Meinung, dass das Leben mehr Sinn habe, wenn man an den Tod denkt, als wenn man den Gedanken an ihn beiseite schiebt, verdrängt. Sie sagten auch, es sei leichter zu sterben, wenn man sich sein ganzes Leben lang mit dem Tod beschäftigt habe, als wenn man von ihm überrascht werde. Ich habe erfahren, dass das alles stimmt. Ich hatte Zeit, den Tod kennenzulernen ...".*[105] Mit diesen klaren Worten widerspricht er seiner sechs Wochen vorher geäußerten Vermutung, der Mensch müsste wohl so leben, als wäre er unsterblich. Nein, er muss es nicht – er tut es einfach, weil es bequemer für ihn ist, er *will* es möglicherweise auch so – doch er muss es nicht. Im Gegenteil: Nur der Mensch ist nach allem, was wir wissen, in der Lage, über seine eigene Sterblichkeit jederzeit, mitten im Leben, nachzudenken und daraus Konsequenzen für seine Lebensführung zu ziehen. Noch ein weiteres Mal betont Noll in seinem Redeentwurf: *„Ich kann Ihnen sagen, weil ich es in den letzten Monaten erlebt habe, dass der Gedanke an den Tod das Leben wertvoller macht."*[106] Es bedeutet ihm offenbar sehr viel, diese Botschaft all jenen, die seiner Trauerfeier beiwohnen werden, mitzugeben.

Intensiv setzt er sich auch in der Folgezeit immer wieder mit Theologie und Glauben, besonders seinem eigenen Glauben, auseinander und wird damit in seinem Freundeskreis offenbar mehr und mehr zum Außenseiter. Im Juli 1982 notiert er: *„Es gab zu viele falsche Verbindungen: Gott und die organisierte, höchst weltliche Kirche; Gott und das ewige Leben nach dem Tode, im Jenseits; Gott und ge-*

setzliche Vorschriften usw. Die einzig tragende Verbindung ist: Gott und Sinn. Das Leben wird nicht sinnlos ohne Gott, wohl aber der Tod."[107] Zwei Wochen später schreibt er: *"Überall setze ich mich dem Verdacht aus, mir und anderen einen Trost einzureden, der auf dem individuellen Weiterleben nach dem Tode besteht. Dabei bin ich nur auf der Suche nach Sinn. Und das ist viel viel mehr."*[108] Weitere rund drei Monate später, am 9. Oktober 1982 stirbt Noll, nachdem er die letzten Wochen nur noch mit hohen Morphiumdosen leben konnte. Max Frisch hält die Traueransprache für ihn und schließt mit den Worten: *"Kein Antlitz in einem Sarg hat mir je gezeigt, dass der Eben-Verstorbene uns vermisst. Das Gegenteil davon ist überdeutlich ... Er hingegen, der Verstorbene, hat inzwischen eine Erfahrung, die mir erst noch bevorsteht und die sich nicht vermitteln lässt – es geschehe denn durch eine Offenbarung im Glauben."*[109]

Die Erfahrungen der Palliativkrankenschwester Bronnie Ware

Ein interessanter Kontrapunkt zu den scharfsinnigen Monologen Peter Nolls stellt das Werk der Palliativkrankenschwester Bronnie Ware dar, die einige Jahre als Privatpflegerin für Sterbende in Australien arbeitete. Offenbar hatte sie dabei die große Gabe, mit den von ihr betreuten Menschen sehr rasch ein intensives Vertrauensverhältnis aufzubauen. Damit verbunden brachte sie den Sterbenden großen Respekt, aber auch sehr viel persönliches Interesse, Offenheit und Empathie entgegen. Die Folge waren beeindruckend ehrliche und herzliche Begegnungen, in denen die ihr anvertrauten Menschen noch einmal mit ungewöhnlicher, durchaus auch kritischer Offenheit auf ihr Leben zurückschauten. Dabei konnten sie in der Regel – sonst hätten sie sich keine Privatpflegerin leisten können – auf ein beruflich erfolgreiches, materiell gutsituiertes Dasein zurückblicken. Doch es zeigte sich, dass dies, wenn das Leben auf sein Ende zuging, bei allem Stolz und aller Dankbarkeit für die Betreffenden sehr nebensächlich wurde. Andere Themen gewannen an Bedeutung – Themen, die den Umgang mit sich selbst und mit anderen Menschen betrafen. Es scheint, als wäre es für die Sterbenden ein großes Geschenk gewesen, in Bronnie Ware eine nachdenkliche, gegenüber den Fragen des Lebens sehr aufgeschlossene Gesprächspartnerin gefunden zu haben. Durch ihren persönlichen Mut, Gefühle zu zeigen, aber auch Gefühle anzusprechen und die Empfindungen ihres jeweiligen Gegenübers ohne Scheu zu akzeptieren, gelang es ihr, außerordentlich offene und vor allem liebevolle Gespräche zu führen.

Nach Beendigung ihrer Privatpflegetätigkeit fasste sie die wichtigsten Erinnerungen und Dialoge ihrer mehrjährigen Pflegeerfahrung in dem Buch „5 Dinge, die Sterbende am meisten bereuen"[110] zusammen. Ungewöhnlich ist, dass sich im Titel ein durchaus negativ besetztes Wort findet: *regret* bedeutet auf Deutsch „bereuen, bedauern". Der deutsche Verlag hatte den Mut, diesen Begriff im Titel beizubehalten. Damit wurde deutlich, dass es in diesem Buch nicht um Erfolgsgeschichten von gelingendem Leben und Sterben geht. Sondern es geht darum, dass Menschen, die noch einige Lebenszeit vor sich haben, von jenen etwas lernen können, die wissen, dass ihre Lebensuhr bald abgelaufen ist. Wobei tröstlich ist, dass alle im Buch porträtierten Personen offenbar in großem Frieden gestorben waren, was sie vermutlich auch den intensiven Gesprächen mit der Verfasserin des Buches verdankten, zumindest legen die von ihr erzählten Dialoge dies nahe. Ware nimmt ihre Leser mitten hinein in die Situation, dass ein Mensch, der sein Ende vor Augen hat, sich einer für ihn völlig fremden Person anvertraut, die sich bereit erklärt hat, ihn in dieser letzten Lebensphase zu begleiten. Diese Betreuung, so eine der wichtigen Botschaften von Bronnie Ware, bringt umso mehr Gewinn für beide Seiten, je mehr Nähe und Vertrauen zwischen den Beteiligten entsteht.

Es sind vor allem fünf *regrets*, die der Verfasserin bei den von ihr begleiteten Sterbenden am häufigsten begegneten:

„Versäumnis Nummer 1: Ich wünschte, ich hätte den Mut gehabt, mir selbst treu zu bleiben, statt so zu leben, wie andere es von mir erwarten."[111]
Dieser Wunsch erinnert an die Erfahrung des Schweizers Peter Noll: Man wird fremden Erwartungen und Konventionen gegenüber freier und unabhängiger, wenn man sich klarmacht, wie begrenzt die eigene Lebenszeit ist. Diese Zeit wird schlichtweg zu kostbar, um sie hauptsächlich damit zu verbringen, den Vorstellungen anderer Menschen möglichst perfekt zu entsprechen.
Doch um sich den Erwartungen anderer zu widersetzen, bedarf es des Mutes sowie einer klaren Orientierung bezüglich des eigenen Weges. Beides fällt uns Menschen

nicht in den Schoß, sondern muss bewusst angestrebt und erarbeitet werden. Oft sind es persönliche Lebenseinschnitte oder Krisen, die Menschen dazu veranlassen, ihren bisherigen Lebensentwurf gründlich zu überdenken und die dahinterstehenden Lebensziele kritisch zu hinterfragen. Wer das Glück hat, ohne solche Krisen, die häufig auch mit Scheitern und Versagen zu tun haben, alt zu werden, hat unter Umständen auch das Problem, dass es nie einen Anlass gab, das Drehbuch des eigenen Lebens noch einmal neu zu schreiben und möglicherweise andere Prioritäten zu setzen.

In einer Folge der Sendung „Nachtcafé" zum Thema „Neuanfang" im SWR wurde dies sehr deutlich. Die dort aus ihrem Leben erzählenden Männer und Frauen hatten allesamt eine Zäsur in ihrem Leben erlebt, die sie keineswegs freiwillig gewählt hatten, beispielsweise Krankheit oder eine Trennung vom Partner. Es ist naheliegend, dass Menschen eines Auslösers bedürfen, um über etwas, was ihnen selbstverständlich erscheint, nachzudenken. Die Frage „Was will *ich* eigentlich? Wofür begeistere ich mich? Will ich das wirklich, was alle anderen so wichtig finden?" stellt man sich leichter, wenn man aus der sogenannten Normalität plötzlich herausgerissen wird.
Wenn jedoch erst im Angesicht des nahen Todes erkannt wird, dass man zu viel Lebensenergie damit verbrachte, Zielen nachzustreben, die man nie kritisch hinterfragte, so kann diese Erkenntnis sehr bitter sein. In der Tat klammern sich oft jene Menschen am intensivsten an das Leben, die – egal, wie alt sie sind – das Gefühl haben, noch gar nicht richtig gelebt zu haben.

„Versäumnis Nummer 2: Ich wünschte, ich hätte nicht so viel gearbeitet."
Dieses Versäumnis hängt unmittelbar mit Versäumnis Nummer eins zusammen.
Vermutlich müssen die meisten Menschen auf dieser Welt hart arbeiten, um einigermaßen überleben zu können, um genügend zu essen und ein Dach über dem Kopf zu haben. Auch viele unserer Vorfahren konnten von einem Achtstundentag nur träumen. Doch zumindest in der westlichen Welt, in den reichen Ländern, kommt seit Beginn der Neuzeit zunehmend ein anderes Motiv dazu, dass die Menschen übermäßig viel arbeiten lässt: Es ist das Bestreben, sich mittels Arbeit einen möglichst hohen Lebensstandard samt Statussymbolen zu verschaffen. Mehr noch, Berufstätigkeit wird zunehmend zum wichtigsten Pfeiler der eigenen Identität: Wer bin ich, wenn ich keiner bezahlten Arbeit nachgehe? Die Zeiten, da man sich auch als vom eigenen Vermögen lebender Privatier oder als durch den Ehemann finanziell wohlversorgte Hausfrau als angesehenes Mitglied der Gesellschaft fühlen durfte, liegen noch nicht lange zurück. Doch sie sind definitiv vorbei. Wenige Frauen sind heute noch bereit, sich mit der Rolle der Gattin eines gutverdienenden Ehemanns zu begnügen. Sie scheuen die damit verbundene finanzielle Abhängigkeit, die bei einer Trennung leicht in die Altersarmut führen kann. Nicht nur die Sorge um die eigene Alterssicherung treibt allerdings Frauen und Männer in die Berufstätigkeit. Es ist auch das damit verbundene Prestige! Welche nicht berufstätige Mutter mehrerer Kinder kennt nicht den erstaunt-gedankenlosen Ausruf (meist von anderen Frauen): „Was, du arbeitest nicht?" Dieser

wird noch ergänzt durch die mitleidige Frage: „Fällt dir da nicht die Decke auf den Kopf?"
Dabei wird nicht anerkannt, dass das Management eines Haushalts mit mehreren Kindern eine der anspruchsvollsten und vielseitigsten Aufgaben ist, die unsere heutige Gesellschaft für Männer und Frauen bereithält. Stattdessen geht es darum, dass der eigene Selbstwert fast ausschließlich durch die Frage definiert wird: Welchen Beruf übe ich aus, wieviel Geld verdiene ich damit und welche Karriere habe ich vor mir bzw. habe ich vorzuweisen?
Die möglichst gutbezahlte eigene Berufstätigkeit wird zur Grundlage der Selbstwertschätzung sowie der Wertschätzung von Seiten der Gesellschaft. Diese Überbewertung von bezahlter Arbeit hat fast zwangsläufig zur Folge, dass die Zeit für Beziehungspflege – auch innerhalb der Familie – als Luxus angesehen wird, dessen immaterieller Wert in einer materiell geprägten Gesellschaft nicht mehr als wert- und bedeutungsvoll anerkannt wird.

„Versäumnis Nummer 3: Ich wünschte, ich hätte den Mut gehabt, meinen Gefühlen Ausdruck zu verleihen."
Dieser Wunsch überrascht – was könnte damit gemeint sein? Bronnie Ware macht es anhand ihrer Gespräche mit dem 94jährigen Joszef deutlich. Dieser gestand ihr voller Bedauern, dass er seiner Familie nie eine Chance gegeben habe, ihn wirklich kennenzulernen. *„Ich hatte Angst, meine Gefühle zu zeigen. Deswegen habe ich gearbeitet und gearbeitet und meine Familie auf Distanz gehalten. Sie hatten es nicht verdient, so allein zu sein. Jetzt wünsche ich mir, sie hätten mich wirklich gekannt."*[112] Joszef dachte sehr kri-

tisch über sein vergangenes Leben nach. Gegenüber Bronnie Ware bekannte er wehmütig, *„er habe sich die Chance entgehen lassen, ein liebevolles und warmes Verhältnis zu seinen Kindern aufzubauen. Das Einzige, was er ihnen vorgelebt hatte, war, wie man Geld verdient und bewertet."*[113]
Sehr klar formuliert die Verfasserin ihre eigenen Schlüsse: *„Wir haben eine Gesellschaft geschaffen, in der die Erwachsenen voneinander isoliert leben. Der natürliche Zustand der Kinder, die ich beobachtete, war hingegen Zusammenarbeit, Ausdruck der eigenen Gefühle und Fröhlichkeit. Es machte mich zwar traurig, dass wir als Erwachsene die Fähigkeit zu so totaler Offenheit verloren haben, aber es gab mir auch Hoffnung. Wenn wir einmal so gewesen sind – der eine mehr, der andere weniger –, dann könnten wir vielleicht auch lernen, wieder so zu werden."*[114]
Wer lernt, Gefühle mitzuteilen, ohne damit seine Umwelt zu überfordern, ermutigt seine Mitmenschen, ihrerseits das gleiche zu tun. Der Vorteil einer Gefühlsbotschaft, die mit klaren Worten kommuniziert wird, liegt darin, dass man das Herz der Menschen berührt. Denn, um es mit einem hebräischen Sprichwort zu sagen: „Was von Herzen kommt, geht zu Herzen."

In der Tat – nie zeigen wir uns so offen, aber auch so nackt und verletzlich, als wenn wir über unsre Gefühle sprechen – Gefühle, die uns selbst betreffen, aber auch unsere Beziehungspartner. Natürlich ist es nicht jedermanns Bedürfnis oder Stärke, diese Gefühlskommunikation zu erlernen und zu trainieren, doch sicher ist, dass sich dadurch leichter Nähe und Vertrauen herstellen lassen.

In jeder Familie lernen Kinder von ihren Eltern, wie mit Gefühlen umgegangen wird. Werden sie verdrängt und totgeschwiegen? Werden sie unkontrolliert ausgelebt? Wird bei Wut gebrüllt, wird bei Trauer geweint? Und wie wird Freude kommuniziert? Signale der Körpersprache sind wichtig, doch die gesprochene Sprache bietet deutlich mehr Chancen, eigene Emotionen präzise zu kommunizieren.[115] Darüber hinaus hilft Sprache, sich der eigenen Gefühle bewusster zu werden und reflektierter mit ihnen umzugehen.

Die dabei erworbenen Kompetenzen bilden das Rückgrat der sogenannten „sozialen oder emotionalen Intelligenz", welche Menschen zu team- und beziehungsfähigen Partnern macht. Auch in Familien ist die Atmosphäre meist umso herzlicher und entspannter, je mehr die Mitglieder bereit und in der Lage sind, empathisch miteinander umzugehen und offen über ihre Gefühle zu sprechen.

„Versäumnis Nummer 4: Ich wünschte, ich hätte den Kontakt zu meinen Freunden gehalten."

„Wenn man in Rente ist und die Kinder ihre eigenen Kinder großziehen, braucht man Freunde mehr denn je" zitiert Bronnie Ware den verwitweten 80jährigen Harry, den sie in seiner letzten Lebensphase begleitete. Dieser *„glaubte fest an den Wert der Großfamilie, in der die Großeltern ein wesentlicher Teil des Lebens ihrer Enkel sind ... Das sah man an dem Verhältnis, das er zu seinen Enkeln hatte."* Dennoch betonte Harry: *„Meine Familie kommt an erster Stelle, aber man braucht auch Menschen im eigenen Alter. Wenn ich nicht die Freunde gehabt hätte ..., wäre ich ein sehr einsamer alter Mann gewesen."*[116] Bronnie Ware erlebte im Lauf ihrer Tätigkeit viel Einsamkeit bei alten Menschen. Doch Einsamkeit ist keineswegs nur ein Pro-

blem des Alters. Auch jüngere Menschen können darunter massiv leiden – bewusst oder unbewusst. Natürlich gibt es in jungen Jahren, vor allem, wenn man gesund und mobil ist, unzählige Wege, sich vom Gefühl der Einsamkeit abzulenken. Wer möchte, kann sich unablässig dank digitaler Medien beschäftigen, informieren, unterhalten – und dabei die innere Einsamkeit betäuben. Wer will, kann sich einreden, dass all die digitalen Kontakte und Zoom-Konferenzen, an denen er oder sie teilnimmt, der Beweis dafür seien, nicht einsam zu sein. Es gibt viele Möglichkeiten, sich selbst etwas vorzumachen.

Harry war einer der wenigen von Wares Schützlingen, der schon früh darüber nachgedacht hatte, welche Bedeutung Freundschaft für seine Lebensqualität hat. Überdies hatte er früh erkannt, dass man für Freundschaften etwas tun muss, vor allem: dass man sich Zeit für sie nehmen sollte.[117] *„Wenn ich mir die Jüngeren ansehe‘, überlegte Harry im Gespräch mit seiner Betreuerin, ‚die sind alle so ungeheuer beschäftigt... Auf die Art verlieren sie völlig den Kontakt mit sich selbst. Wenn man ein bisschen Zeit mit seinen Freunden verbringt, wird man wieder daran erinnert, wer man ist, wenn man gerade nicht Mutter, Vater, Oma oder Opa ist ... Gute Freundschaften regen uns an. Die Schönheit einer Freundschaft liegt darin, dass uns unsere Freunde als die nehmen, die wir sind, über das hinaus, was wir gemeinsam haben ... Wir müssen unsere Freundschaften pflegen, meine Liebe.'"* Interessanterweise war diesem alten Mann auch bewusst, dass Männer ihre Freundschaften häufig auf eine andere Weise pflegen als Frauen. Zwar brauchen sie, genau wie Frauen, Freunde auch zum

Reden, *„aber sie tun sich damit leichter, wenn sie nebenher etwas zusammen machen..."*.[118]

Aufschlussreich ist die scharfsichtige Beobachtung Harrys, dass die Mehrheit der Menschen zu beschäftigt mit Beruf und Familie ist, um sich im mittleren Lebensalter über das Thema „Freundschaft" Gedanken zu machen. Vielen genügt es, Menschen im beruflichen Alltag um sich zu haben oder bei ihren Freizeitaktivitäten nicht allein zu sein, indem sie z.B. in einem Verein oder einer Gruppe Gleichgesinnter aktiv sind.

Doch sie machen sich nicht klar, dass Kolleginnen, Vereinskameraden, Nachbarn und Nachbarinnen, Bekannte und Verwandte nicht automatisch auch *Freunde* werden – gleichgültig, wie viel Zeit man mit ihnen gemeinsam verbringt. Denn zur Freundschaft gehört die Bereitschaft, sich gegenseitig zu öffnen und am jeweils anderen Leben einfühlsam und interessiert Anteil zu nehmen. Natürlich kann sich eine solche Beziehung auch hin und wieder einfach ergeben, doch ist dies eher die Ausnahme. Meist bedarf es des klaren Wunsches mindestens eines der Beteiligten, einen Kontakt zu vertiefen, so dass das gegenseitige Vertrauen und damit auch die Verbundenheit und Verbindlichkeit wachsen können. Selbstverständlich riskiert man dabei immer, auf kein Gegeninteresse zu stoßen, doch das sollte kein Hinderungsgrund sein, der Freundschaft einen hohen Wert beizumessen.[119]

Verbundenheit äußert sich auch in einer gewissen Kontinuität, die in ihrem Rhythmus und ihren Formen natürlich völlig unterschiedlich gestaltet werden kann. Als Bronnie Ware von Harry gefragt wird: *„Wie viel Zeit zweigen Sie von Ihrer Woche ab, um sie mit richtig guten Freun-*

den zu verbringen?", gesteht sie ihm, dass sie die meisten ihrer Freundschaften sehr unregelmäßig pflegt. Woraufhin er ihr streng erklärt: *„Das reicht nicht, meine Liebe. Sie tun genau dasselbe wie alle anderen ... Sie müssen sich regelmäßig Zeit für Ihre Freunde nehmen. Tun Sie es mehr für sich als für sie. Wir brauchen unsere Freunde."* Als Ware ihm im Lauf des Gesprächs recht gibt, wiederholt er noch einmal jene für ihn so zentrale Erkenntnis: *„Es geht nicht nur darum, mit Ihren Freunden in Kontakt zu bleiben, meine Liebe. Wichtig ist vielmehr, dass Sie sich selbst das Geschenk ihrer Gesellschaft machen."*[120]

In der Konsequenz bedeutet diese Hochschätzung der Freundschaft, dass man in seinem Leben – und zwar nicht erst im Alter! – klare Prioritäten setzt. Denn, wie schon bemerkt: Die Zeit, die man sich für Freundschaften nimmt, fehlt für andere Aktivitäten. Und die seelische Energie, welche zur Pflege von Freundschaft benötigt wird, muss – nicht immer, aber immer wieder – bewusst aufgebracht werden, denn sie kann auch für anderes verwendet werden.

Allerdings ist es ein Problem unserer Gesellschaft, dass sie dazu neigt, nur dem Sicht- und Messbaren Bedeutung beizumessen und Bewunderung zu zollen. Den Genuss, den wir uns und anderen durch das Geschenk der Freundschaft bereiten, kann man jedoch nicht berechnen oder ermessen – weder im Voraus noch im Rückblick! Und das Wohlbefinden, das wir im Zusammensein mit Freunden und Freundinnen, ob mit oder ohne begleitende Aktivität, empfinden, lässt sich nicht als Leistung verbuchen und wird von keiner Fitnessuhr als gesundheitsfördernde

Aktivität registriert. Die tiefe Geborgenheit, die wir empfinden, wenn wir die seelische und körperliche Nähe vertrauter Menschen genießen, ist weder visuell darstellbar noch kann sie unter dem Ziel der Selbstoptimierung verbucht werden.

Auf der anderen Seite schlagen all das stille Leid, das tiefempfundene Gefühl der Sinnlosigkeit und die quälende Ungeborgenheit nirgends zu Buche, die so viele Menschen erfahren, deren Leben – nicht nur in Lockdown-Zeiten und nicht erst im Alter – vom Gefühl der Einsamkeit bestimmt wird.

„Versäumnis Nummer 5: Ich wünschte, ich hätte mir mehr Freude gegönnt."
Auch dieses Versäumnis lässt sich darauf zurückführen, dass Menschen zu wenig auf die eigene innere Stimme hören, die ihnen verlässlich sagen würde, wo sie Freude, Erfüllung, Glück und Zufriedenheit erleben. All diese Erfahrungen beruhen im Grunde genommen auf irgendeiner Form der Resonanz, sprich: auf dem Erleben eigener und fremder Lebendigkeit, die miteinander in Wechselwirkung, in Dialog tritt. Ein solcher Dialog kann beim Malen eines Bildes stattfinden, oder beim Entstehen eines Möbel- oder Kleidungsstücks unter unseren Händen. Wir erleben Leben und Lebendigkeit, wenn wir ein Stück Erde oder Garten bearbeiten, uns mit Tieren oder Kindern beschäftigen, ein Musikinstrument spielen oder aus vielen Zutaten eine köstliche Mahlzeit komponieren.

Immer setzen wir uns mit etwas auseinander, was in irgendeiner Weise auf uns reagiert – sei es ein Material, ein Stück Natur, ein Lebewesen, ein Kunstwerk usw. Doch jede Erfahrung von Resonanz setzt voraus, dass wir uns Zeit nehmen. Zeit, um auf die Signale zu achten, die etwas oder jemand aussendet. Zeit, um die Empfindungen zu registrieren, die eine Wahrnehmung, Beobachtung oder Erfahrung in uns auslösen. Zeit, um uns selbst während einer Aktivität zu beobachten. Sich Freude gönnen bedeutet vor allem, sein Augenmerk darauf richten, wo sich Gelegenheiten finden, in der Begegnung mit Lebendigem bereichernde Erfahrungen zu machen.

Ein bewegendes Beispiel dafür, von dem Bronnie Ware berichtet, ist die erst 51jährige Cath, die aufgrund einer schweren Krankheit wusste, dass sie bald sterben würde. *„Jeder von uns hat ein Talent, das er anderen zugute kommen lassen kann. Es ist egal, welche Arbeit man tut. Wichtig ist, dass man sich bewusst bemüht, einen Beitrag für die Gesellschaft zu leisten, in der Hoffnung, eine bessere Welt zu schaffen', erklärte Cath. ‚Wir alle können etwas Positives beitragen. Ich habe meinen Beitrag geleistet. Aber während ich mich auf meinen Lebenszweck konzentrierte, vergaß ich darüber völlig, meine Arbeit auch zu genießen. Es ging mir nur um das Ergebnis ... Natürlich ist es wichtig, nach seiner Lebensaufgabe zu suchen, aber es ist falsch, sein Glück allein vom Endergebnis abhängig zu machen. Die Dankbarkeit für jeden Tag auf dem Weg zu diesem Ergebnis ist der Schlüssel zum Glück in der Gegenwart. Und nicht erst dann, wenn die Ergebnisse sichtbar werden oder wenn man in Ruhestand geht oder wenn dies oder jenes passiert.'"*[121]
Sich Freude gönnen bedeutet, das Genusspotential in dem zu entdecken, was man gerade tut – und dieses Tun nicht nur als Mittel zum Zweck anzusehen, um ein Ziel

zu erreichen. Gerade im Job ist eine solche Einstellung eher selten geworden, wie schon der Begriff *work-life-balance* deutlich macht. Er suggeriert, dass Arbeit und Leben zwei getrennte Lebensbereiche sind – was den Gedanken nahelegt, dass das wahre oder richtige Leben erst nach oder außerhalb der Arbeit beginnt bzw. stattfindet. Diese Auffassung bedeutet, die zahllosen Selbstentfaltungsmöglichkeiten zu ignorieren, die in jeder Form von Arbeit – egal ob bezahlt oder unbezahlt, freiwillig oder unfreiwillig – enthalten sein können.

Natürlich dürfte es bei monotoner Arbeit oder ständigem Zeitdruck schwierig sein, die Gelegenheiten zur Freude in der jeweiligen Tätigkeit zu entdecken; nichts soll hier idealisiert oder romantisiert werden. Doch man muss – um ein Beispiel aus eigener aktueller Erfahrung zu nennen – nur einmal einige Tage im Krankenhaus gelegen haben, um zu erkennen, wie unterschiedlich Menschen mit dem ihnen zur Verfügung stehenden Gestaltungsspielraum umgehen. Da gibt es die Pfleger und Pflegerinnen, die ständig in großer Eile sind und kein Wort, keinen Blick zuviel an den Patienten verschwenden. Und es gibt Pflegekräfte, die während ihrer Arbeit eine persönliche Frage stellen oder Bemerkung machen oder sich gar ein paar Minuten Zeit für ein Gespräch nehmen. Natürlich hat man nicht immer und nicht bei jeder Tätigkeit einen großen Ermessensspielraum, dennoch könnten wir viel mehr Sinn und Freude erleben, wenn wir nicht ausschließlich zielfixiert und zweckorientiert unseren Tätigkeiten nachgehen würden.

„Die Dinge, auf die die meisten Leute ihre Energie verwenden, sind langfristig so irrelevant... Nur Liebe ist wichtig.

Wenn du das im Gedächtnis behältst..., dann wirst du ein gutes Leben haben."[122] Das waren die letzten Worte, die der sterbende Lenny seiner Betreuerin noch auf den Weg gab. Als er ein letztes Mal die Augen öffnete und sie anschaute, lächelte er. *„In seinem Lächeln lag keine Krankheit mehr. Es war das Lächeln einer Seele, die jetzt frei war vom Ego und von persönlichen Belangen. Es war die pure Liebe, frei von allem anderen, strahlend, glühend, freudig ... So ein völlig freies Lächeln hatte ich noch nie empfangen oder gegeben. Nichts stand im Weg, da war nur reine Freude."*[123] Wenige Minuten später hatte er diese Welt verlassen.

Fazit:

In dem Wissen, dass der Tod nahe ist, kann der Blick für das wirklich Wesentliche im Leben klarer und schärfer werden.

*„Die Konzentration auf das **Sein** wird oft wichtiger als auf das **Tun**."*[124] Es ist erstaunlich, wie sehr die Aussagen jener, die eine Nahtoderfahrung machten, mit den Gedanken von Menschen übereinstimmen, die den endgültigen Abschied vom Leben direkt vor Augen haben. Im Grunde sind es die gleichen Themen, die angesprochen werden, und es sind, genau besehen, die gleichen Ziele und Werte, die plötzlich enorm an Bedeutung gewinnen. Gewiss macht es einen großen Unterschied, ob man sich erst im Angesicht des herannahenden

eigenen Lebensendes mit Sterben und Tod auseinandersetzt, oder ob man dies als Konsequenz einer Nahtoderfahrung macht. In letzterem Fall hat man zum einen unter Umständen noch viele Lebensjahre vor sich, zum anderen empfindet man in der Regel keine Angst mehr vor Sterben und Tod. Deshalb lassen sich die Gedanken von Menschen, die am Ende eines langen Lebens stehen und zurückschauen, nicht auf Menschen übertragen, die noch nicht an diesem Punkt angelangt sind. Bei jungen Männern und Frauen steht die Herausforderung im Mittelpunkt, einen Platz in der Gesellschaft zu finden und auszufüllen. Doch in der zweiten Lebenshälfte verändern sich die Themen. Oft haben sie mit beruflichen oder privaten Umbrüchen und Neuanfängen zu tun, oft sind es aber auch Themen, die mit Abschied und Älterwerden verknüpft sind.

So betrachtet ist das Nachdenken über Sterben und Tod eher eine Aufgabe der zweiten Lebenshälfte. Dennoch meine ich, dass es ein Gewinn ist, wenn man sich – wie Bronnie Ware – auch in jüngeren Jahren mit der Frage beschäftigt, was für unsere innere Zufriedenheit im Leben langfristig von Bedeutung ist. Die fünf *regrets* der Sterbenden legen nahe, dass die Antwort nicht darin liegen kann, immer mehr Erlebnisse, Einkommen oder Eigentum anzuhäufen.

VI. Gedanken der Bibel zu Sterben, Tod und Auferstehung

Ich wünsche leidenschaftlich, und finde das Gegenteil kaum rational, dass mein bei allen Leiden und Kämpfen durchaus sinnvoll gelebtes Leben nicht in einem sinnlosen, absurden Tod ende: dass auch meiner Verwandten und Freunde Sterben nicht in ein Nichts hinein gehe; dass ich beim Tod und am Grab nicht sprachlos bleibe.
(Hans Küng[125])

Wie alle Religionen machten sich auch die Vertreter der jüdischen sowie der christlichen Religion intensiv Gedanken über die Tatsache, dass der Mensch sterben muss. Ebenso bewegt alle Religionen die Frage, ob und wie es nach dem Tod für den Menschen weitergeht – wobei dieses Wort schon verdeutlicht, wie sehr der Mensch es gewohnt ist, in bestimmten Vorstellungen von Zeit zu denken. Selbstverständlich kann keine Religion, auch kein Vertreter einer Religion etwas im streng empirischen Sinne wissen, wenn es um die Frage geht, was nach dem Tod auf den Menschen wartet. Die Erkenntnis von Immanuel Kant, dass wir mit den Mitteln der reinen Vernunft über das, was jenseits des Beobachtbaren ist, nichts objektiv Sicheres sagen können, gilt nach wie vor. Beobachtbar ist nach dem Tod eines Lebewesens lediglich der Zerfall von Biomasse, mehr nicht. Andererseits legt es jedoch, so der Philosoph

Kant, die praktische Vernunft nahe, dass wir uns entscheiden, an etwas zu glauben bzw. auf etwas zu hoffen, was sich nicht beweisen oder überprüfen lässt. In diesem Sinn laden die Bilder und Vorstellungen des jüdischen ebenso wie des christlichen Glaubens dazu ein, sich mit ihnen auseinanderzusetzen und das zu übernehmen, was wir als hilfreich für unser Leben und Sterben empfinden. Auch wenn der Apostel Paulus bekundete: *„Denn ich bin gewiss: Weder Tod noch Leben, weder Engel noch Mächte, weder Gegenwärtiges noch Zukünftiges noch Gewalten, weder Höhe oder Tiefe noch irgendeine andere Kreatur können uns scheiden von der Liebe Gottes…"* (Römer 8,38f.), so brachte er damit seinen persönlichen Glauben zum Ausdruck. Dass er sich der Grenzen seines Wissens sehr wohl bewusst war, zeigen seine Worte im ersten Brief an die Korinther (1 Kor 13,12): *„Jetzt schauen wir in einen Spiegel und sehen nur rätselhafte Umrisse, dann aber schauen wir von Angesicht zu Angesicht."* Wobei auch dieses Bild (von Angesicht zu Angesicht) die Grenzen menschlichen Vorstellungsvermögens aufzeigt. Wir brauchen Bilder – auch von dem, was nach dem Tod auf uns wartet – doch sie dürfen mit der Wirklichkeit nicht verwechselt werden. Daran erinnert auch das Gebot, dass der Mensch sich von Gott kein Bild machen soll.

Der Tod als Grenze, nicht als Strafe

Am Alten Testament – den heiligen Schriften des jüdischen Volkes – wurde von einer großen Zahl verschiedener Autoren und Redakteure über einen Zeitraum von mindestens 500 Jahren geschrieben, ergänzt, verbessert und redigiert. Es liegt auf der Hand, dass sich in dieser langen Zeit einschneidende Veränderungen des Gottesbildes entwickelt haben. Dazu trugen die Kontakte mit anderen Kulturen ebenso bei wie Erfahrungen des Volkes Israel, die sich mit seinem bisherigen Gottesbild nicht mehr vereinbaren ließen. Im Folgenden konzentrieren wir uns auf jene eher spärlichen Notizen im Alten Testament, die vom Tod und dem, was danach folgt, handeln.

Höchst interessant ist, dass der Tod in der Erzählung von den ersten Menschen im Paradies zunächst als schlichte Folge der Erkenntnis von Gut und Böse dargestellt wird. Gott hatte dem Menschen Adam, der damals noch allein war, mitgeteilt: *„Von allen Bäumen des Gartens darfst du essen, doch vom Baum der Erkenntnis von Gut und Böse darfst du nicht essen; denn am Tag, da du davon isst, wirst du sterben."* (Gen 2,16f.) Gemeinhin wird diese Ankündigung als Strafe verstanden, die Gott androht, doch man kann sie ebenso als von Gott angekündigte Konsequenz betrachten. Davon abgesehen: Woher sollte Adam, der erste Mensch, wissen, was Sterben bedeutet?

Übersetzt man den Satz in die Sprache der Entwicklungspsychologie, so macht er deutlich, dass es einer gewissen Stufe der geistigen Reife des Menschen bedarf, um zu realisieren, dass er *sterblich* ist. Bei Kindern geht man davon aus, dass sie diese Stufe frühestens mit fünf, sechs Jahren erreichen, vorher können sie sich unter Tod nichts vorstellen oder halten ihn für einen zeitlich begrenzten, schlafähnlichen Zustand. Das Essen vom Baum der Erkenntnis symbolisiert u.a. das Erreichen jenes kognitiven Niveaus, das eine Vorstellung von dem, was Tod bedeutet, ermöglicht. Dieses Niveau beinhaltet auch die Entwicklung von Schamgefühlen. Bis zu einem gewissen Alter kennen Kinder keine Scham. Erst zwischen drei und fünf Jahren erwacht die sogenannte Selbstscham, die sich auf den eigenen Körper bezieht. Die zweite Form der Scham, die bei einem Verstoß gegen verinnerlichte Regeln, Normen oder Erwartungen entsteht, folgt noch später und setzt voraus, dass Kinder in der Lage sind, moralische Bewertungen wie gut und böse, richtig und falsch zu verstehen und zu verinnerlichen. Erst dann sind sie in der Lage, sich für ein Verhalten schuldig zu fühlen bzw. sich zu schämen. Folgerichtig konnten Adam und Eva erst nach dem Essen der verbotenen Frucht Schuldgefühle entwickeln, da sie auch erst danach zwischen Gut und Böse unterscheiden konnten. Das bedeutet, dass die Erzählung vom ersten Menschenpaar, das vom Baum der Erkenntnis aß, grundlegende Einsichten der Psychologie offenbart: Erst auf der Grundlage einer gewissen geistigen Reife und des damit verbundenen moralischen Urteilsvermögens ist der Mensch zu Schuld- und Schamgefühlen in der Lage – und zu der Erkenntnis, dass der Tod alles irdische Leben begrenzt.

Wie aber geht diese Erzählung weiter? Nachdem Adam und Eva vom Baum der Erkenntnis gegessen haben, sterben sie keineswegs – so, wie die Schlange es vorausgesagt hatte. Dies wäre auch der Absicht der Verfasser zuwidergelaufen, denn es sollte ja beschrieben werden, welche *Konsequenzen* die moralische Mündigkeit des Menschen hat. Sie umfassen jene Lebensbedingungen, die zum Erwachsensein des Menschen gehören. Zu ihnen gehört, dass man das Paradies der Kindheit verlassen muss, um sein Leben auf eigene Verantwortung und mit eigenem Einsatz zu meistern. Diese Verantwortung beinhaltet neben der Existenzsicherung auch den Umgang mit der Natur sowie die Beziehungsgestaltung zwischen Mann und Frau.

Am Ende der Erzählung führt Gott ein Selbstgespräch. Er stellt fest, dass der Mensch nun kein unmündiges Wesen mehr ist, sondern „wie unsereins", d.h. Gott ebenbürtig geworden sei. Daraufhin beschließt Gott, zwischen sich und dem Menschen eine neue Grenze zu ziehen: *"Aber jetzt soll er nicht seine Hand ausstrecken, um auch noch vom Baum des Lebens zu nehmen, davon zu essen und ewig zu leben"* (Gen 3,22).[126] Um ihm diese Möglichkeit zu verwehren, weist Gott höchstpersönlich Adam und Eva aus dem Garten Eden und postiert zur Sicherheit geflügelte Wesen mit flammenden Schwertern, sogenannte Cherubim, *„damit sie den Weg zum Baum des Lebens bewachten."* (Gen 3,24)![127]

Deutlich wird in dieser faszinierenden Erzählung, dass Gottes Entschluss, die Lebenszeit des Menschen durch den Tod zu begrenzen, keineswegs *direkt* mit der Missachtung seines Verbots, vom Baum der Erkenntnis zu essen, verbunden ist. Stattdessen entspringt Gottes Entscheidung seinem Wunsch, zwischen sich und dem Menschen wenigstens noch *einen* fundamentalen Unterschied aufrechtzuerhalten.[128]

Wie aber geht es zwischen dem Menschen und Gott weiter?

In dem deutlich später verfassten Kapitel 5 des Buches Genesis lesen wir, dass Gott seinen Beschluss, das Leben der Menschen zeitlich zu begrenzen, in den folgenden Jahrtausenden noch enorm großzügig handhabte: Im Stammbaum von Adam bis Noach beziffern die Verfasser Adams Alter mit 930 Jahren, ja, der sprichwörtliche Methusalem (wörtlich: Methusalah), der Großvater Noachs, bringt es sogar auf sagenhafte 969 Jahre (Gen 5,27). Dann aber kann Gott nicht umhin festzustellen, dass die Menschheit in keiner Weise seinen Erwartungen entspricht. Nachdem er konstatiert, *„dass auf der Erde die Bosheit des Menschen zunahm und dass alles Sinnen und Trachten seines Herzens immer nur böse war"* (Gen 6,5), beschließt er, die Menschen zu vernichten. Lediglich *einen* Mann samt Familie will Gott übriglassen: den frommen Noach. Von nun an geht es allerdings mit der sagenhaften Langlebigkeit der Altvorderen bergab: Noach lebt immerhin noch 500 Jahre, wohingegen es gute zehn Generationen später sein Nachkomme Abram, später Abraham genannt, gerade noch auf 175 Jahre bringt. Ein Alter, in dem er allerdings dann auch „betagt und lebenssatt" (Gen 25,8) sterben konnte!

Der Tod und die Frage der Gerechtigkeit

Für unser Thema interessant ist, welche *Vorstellungen* vom Sterben wir im Alten Testament finden. War zunächst der schlichte Gedanke vorherrschend, dass der Mensch als Teil der Materie wieder „Erde zu Erde, Asche zu Asche, Staub zu Staub" werden würde, so wurde diese Vorstellung im Lauf der Zeit deutlich komplexer. Im spät verfassten Buch Kohelet (Prediger)[129] lesen wir, dass der Mensch nicht nur aus Materie besteht, die wieder zerfällt. Stattdessen wird die Doppelnatur des Menschen hervorgehoben, die schon im älteren Schöpfungsbericht (Gen 2,4b-25) beschrieben wird: Zur Materie (Hebräisch: *Adamah*) fügte Gott seinen Atem oder Geist (Hebräisch: *Ruach*) dazu, und erst dadurch wurde der Mensch ein lebendiges Wesen.

Nach dem Tod wird der Mensch zwar wieder zu Erde, doch der Atem oder Geist Gottes ist unsterblich und kehrt, so betont Kohelet, wieder zu Gott zurück (Koh 12,7). Da dieser Gott rigoros als Gott des Lebens und der Lebenden definiert wurde (weshalb auch jede Art von Totenkult verboten war), war eine Verbindung zwischen Gott und den Toten zunächst unvorstellbar. Die Toten fristeten, so die bildhafte Vorstellung, ein Schattendasein in der Unterwelt. Sie existierten zwar weiter, allerdings in weitest möglicher Entfernung zu Gott, der über den Himmeln thronte. Dieses Schattenreich der Toten hatte nichts mit einem Ort der Qual zu tun, sondern war lediglich ein Raum der Abwesenheit alles Lebendigen.

Sehr klar äußerst sich die damals geglaubte Endgültigkeit des Todes im Buch Ijob:

Doch stirbt ein Mann, so bleibt er kraftlos,
verscheidet ein Mensch, wo ist er dann?
So legt der Mensch sich hin, steht nie mehr auf;
die Himmel werden vergehen, ehe er erwacht,
ehe er aus seinem Schlaf geweckt wird.
(Ijob 14,10.12)

Für die Gesetzgebung Israels war deshalb konstitutiv: Da Totes ebenso wie Krankes und Blutendes (= Defektes, vom

Sterben Bedrohtes) als gottfern und deshalb unrein galt, hatte der fromme Mensch sich von allem Toten strengstens fernzuhalten, um nicht in Distanz zu Gott zu geraten. Deshalb galten Berufe, in denen der Umgang mit toter Materie unumgänglich war, z.b. Gerber, als unrein – ebenso wie Frauen in der Zeit ihrer Monatsblutung und einige Zeit nach der Geburt unrein waren. Eine tiefe Scheu gegenüber Tod, Krankheit sowie körperlicher Versehrtheit ist deutlich erkennbar. Doch es blieb auch in Israel nicht bei diesen archaischen Vorstellungen. Die Gedanken darüber, was nach dem Sterben mit dem Menschen geschieht, entwickelten sich weiter. Welche Gründe gab es für diese Weiterentwicklung?
Ein wichtiger Grund lag in den konkreten Lebenserfahrungen der Menschen. Lange Zeit ging man im alten Israel davon aus, dass Gott der Garant für irdische Gerechtigkeit sei. Das bedeutete, dass Gott selbst dafür Sorge trägt, dass gute Menschen zu Lebzeiten belohnt werden und bösen Menschen noch zu Lebzeiten Böses widerfährt.

Viele Sentenzen der sogenannten „Sprichwörter Salomos" spiegeln diese klare Überzeugung wider. Mit dem Wort „gerecht" (Hebräisch: *zaddik*) wird dabei ein Mensch bezeichnet, der Gott *gerecht wird*, indem er sich an seine Weisungen hält und ihm die Ehre gibt. Im Gegensatz zu ihm steht der Gottlose, welcher Gottes Gebote missachtet und es an Gottesfurcht fehlen lässt. Zahlreiche Aussagen belegen die Vorstellung, dass ein klarer Zusammenhang zwischen Tun und Ergehen eines Menschen besteht:

Gerechtigkeit behütet den Schuldlosen auf seinem Weg,
den Frevel bringt die Sünde zu Fall.
(Spr 13,6)

Das Licht der Gerechten strahlt auf,
die Lampe der Frevler erlischt.
(Spr 13,9)

Unglück verfolgt den Sünder,
den Gerechten wird mit Gutem vergolten.
(Spr 13,21)

Der Gerechte hat zu essen, bis sein Hunger gestillt ist,
der Bauch der Frevler aber muss darben.
(Spr 13,25)

Das Haus der Frevler wird zertrümmert,
das Zelt der Redlichen gedeiht.
(Spr 14,11)[130]

Doch der nüchterne Blick auf die Realität brachte diese Überzeugung je länger, desto mehr ins Wanken. Unmissverständlich äußert sich die wachsende Irritation in Ps 73,3-4.9.12:

Denn ich habe mich über die Prahler ereifert,
als ich das Wohlergehen der Frevler sah:
Sie leiden ja keine Qualen,
ihr Leib ist gesund und wohlgenährt.
Sie reißen ihr Maul bis zum Himmel auf
und lassen auf Erden ihrer Zunge freien Lauf.
Siehe, so sind die Frevler:
Immer im Glück, häufen sie Reichtum auf Reichtum.

Worin aber findet der erschütterte Psalmbeter Trost?

Zum einen erwartet er, dass wenigstens das Ende der Gottlosen tragisch sein möge:

Fürwahr, du stellst sie auf schlüpfrigen Grund,
du lässt sie in Täuschungen fallen.
Wie werden sie in einem Augenblick zum Entsetzen,
werden dahingerafft, nehmen ein Ende mit Schrecken.
(Ps 73,18-19)

Doch diese Hoffnung allein genügt dem Verfasser des Psalms nicht. Woraus er darüber hinaus Trost schöpft, ist der Gedanke, dass seine persönliche Verbundenheit mit Gott ihm über den Tod hinaus Halt gibt:

Aber ich bin doch beständig bei dir,
du hast meine Rechte ergriffen.
Du leitest mich nach deinem Ratschluss,
danach nimmst du mich auf in Herrlichkeit.
(Ps 73,23-24)

Deutlich schimmert der Trost hindurch, der in der Nähe zu Gott gefunden werden kann:

Wen habe ich im Himmel außer dir?
Neben dir erfreut mich nichts auf Erden.
Mag mein Fleisch und mein Herz vergehen,
Fels meines Herzens und mein Anteil ist Gott auf ewig.
(Ps 73,25-26)

Die Hoffnung auf eine ausgleichende Gerechtigkeit nach dem Tod

„Du hast meine Rechte (Hand) ergriffen" – von diesem sehr konkreten Bild, das sowohl Halt als auch intime Nähe zum Ausdruck bringt, ist es nicht weit zu der Hoffnung, dass Gott die Hand des Menschen auch im Tod und über den Tod hinaus festhalten wird.[131]

Halten wir fest: Der Ausgangspunkt der bohrenden Fragen in Ps 73 ist die zunehmende Einsicht, dass der sogenannte „Tun-Ergehen-Zusammenhang" keineswegs ein göttlich garantierter Automatismus ist. Der Glaube an diese kausale Verknüpfung war für Israels Gottesbild zwar über Jahrhunderte hinweg eine wichtige Konstante, doch dieser Glaube bekam immer mehr Risse. Auch für Gottes erwähltes Volk wurde zunehmend unübersehbar, dass der Gerechte, der sich darum bemüht, nach Gottes Weisungen zu leben, unter Umständen viel leiden muss, ohne dass ihn dafür ein Lohn zu Lebzeiten erwartet. Die Sehnsucht, dass dieser gerechte Ausgleich wenigstens nach dem Tod stattfinden möge, verdichtete sich immer mehr, schließlich wollte man die Vorstellung von einem gerechten Gott nicht einfach aufgeben.[132]

Und plötzlich war er da – der Gedanke, dass Gott selbst die Toten eines Tages wieder auferwecken würde, wie es im sehr spät verfassten Buch Daniel erstmalig in einigen knappen Sätzen klar beschrieben wird:[133]

„Von denen, die im Land des Staubes schlafen, werden viele erwachen, die einen zum ewigen Leben, die anderen zur Schmach, zu ewigem Abscheu" (Dan 12,2). Daniel selbst sollte natürlich zu den ersteren gehören: *„Du aber geh*

dem Ende zu! Du wirst ruhen und auferstehen gemäß deinem Losanteil am Ende der Tage" (Dan 12,13).

Im Zuge der Weiterentwicklung der jüdischen Vorstellungen über den Tod findet also eine „Kompetenzerweiterung Jahwes"[134] statt: Der Gott Israels wird von einem Gott der Lebenden immer mehr zu einem Gott der Lebenden *und* der Toten.

Jesu Gedanken zu Sterben, Tod und Auferstehung

Das Verlangen nach Gerechtigkeit ist eines der tiefsten Bedürfnisse des Menschen. Kein Wunder, dass die Annahme einer ursächlichen Verbindung zwischen Handeln und Schicksal auch zur Zeit Jesu noch gang und gäbe war, weswegen auch zur Zeit Jesu Krankheit oder ein vorzeitiger Tod als Konsequenz für ein schuldhaftes Tun des Menschen angesehen wurden. Nur bösen Menschen kann Böses widerfahren – dieser Gedanke war nach wie vor tief verwurzelt.[135] Dem entgegen steht Jesu Handeln, denn er heilte kranke Menschen, *wann immer* er darum gebeten wurde. Hätte er Krankheit als eine Strafe Gottes bzw. als gerechte Folge schuldhaften Handelns angesehen, so hätte er sie als von Gott auferlegtes Los respektiert. Unter keinen Umständen wäre Jesus in diesem Fall bereit gewesen, Gott quasi in den Rücken zu fallen, indem er der Krankheit ein Ende bereitete – zumal Jesus seine Vollmacht zu heilen ja als eine von Gott verliehene Gabe ansah!

Auch mit seinen Worten widersprach Jesus allen Spekulationen, dass der Mensch an seinem Unglück grundsätzlich selber schuld sei. Als ein einstürzender Turm in Jerusalem achtzehn Menschen den Tod brachte, betonte Jesus, dass diese Menschen keineswegs mehr Sünden begangen hätten als all die anderen, die von dem Unglück verschont geblieben waren.[136] Allerdings kam von ihm auch keine Erklärung, weshalb das Unglück die einen getroffen hatte und die anderen nicht.

Ein aufschlussreicher Dialog zwischen Jesus und seinen Jüngern findet sich auch im Johannesevangelium. Als sie gemeinsam an einem Blinden vorbeigingen, fragten die Jünger: *„Rabbi, wer hat gesündigt? Er selbst oder seine Eltern, sodass er blind geboren wurde?"* Die Antwort Jesu war unmissverständlich: *„Weder er noch seine Eltern haben gesündigt"* (Joh 9,2-3).[137] Damit verneinte Jesus in aller Schärfe einen grundsätzlichen Zusammenhang zwischen Krankheit, Tod und Schuld.

Was aber dachte man zur Zeit Jesu hinsichtlich der Frage, was nach dem Tod auf den Menschen wartet? Der Glaube an eine Auferweckung der Toten war, obwohl im Buch Daniel ausdrücklich beschrieben, keineswegs selbstverständlich, wie ein von dem Evangelisten Lukas überliefertes Streitgespräch bezeugt. Gleich zu Beginn wird mitgeteilt, dass die wohlhabende und politisch führende Priesterschicht (die sogenannten Sadduzäer) die Vorstellung einer Auferstehung der Toten ablehnte. Ihre Begründung: In den von ihnen als allein heilig anerkannten fünf Büchern Mose (der sogenannten Tora) sei davon nichts zu lesen. Außerdem, so die sehr menschliche Vorstellung der

Sadduzäer, würde eine Auferweckung der Toten zu zahlreichen Folgeproblemen im Jenseits führen. Zu welchem Mann würde beispielsweise eine siebenfach verwitwete und wiederverheiratete Frau nach ihrem Tod gehören?

Mit dieser reichlich bizarren Frage wandten sich die Sadduzäer an Jesus, um seine Meinung zu erfragen. Jesu Antwort zeigt, dass er eine sehr klare Vorstellung von der Auferstehung hatte: *"Die Kinder dieser Welt heiraten und lassen sich heiraten. Die aber, die gewürdigt werden, an jener Welt und an der Auferstehung der Toten teilzuhaben, heiraten nicht, noch lassen sie sich heiraten. Denn sie können auch nicht mehr sterben, weil sie den Engeln gleich und als Kinder der Auferstehung zu Kindern Gottes geworden sind"* (Lk 20,34-36).

Damit stellte Jesus klar, dass der Mensch nach seinem Tod nicht mitsamt seinem menschlichen Körper wiedererweckt wird. In welcher Form dann? Dies wird, abgesehen vom Bild der Engel, offen gelassen. Doch Jesus geht noch einen Schritt weiter: er *hinterfragt* den Glauben der Sadduzäer, dass es keine Auferstehung geben wird! Wohlwissend, dass sie nur die Tora als heilige Schriften respektieren, zitiert er aus dem Buch Exodus, wo Mose aus einem brennenden Dornbusch heraus von Gott mit den Worten angesprochen wird: *"Ich bin der Gott deines Vaters, der Gott Abrahams, der Gott Isaaks und der Gott Jakobs"* (Ex 3,6). Aus dieser Selbstvorstellung Gottes folgert Jesus messerscharf, dass Gott diese drei Erzväter des Glaubens nach ihrem Tod wieder auferweckt hatte, denn: *"Er (Gott) ist doch kein Gott von Toten, sondern von Lebenden"*

(Lk 20,38). Einige der dabeistehenden Schriftgelehrten, die an die Auferstehung der Toten glaubten, kommentierten diese scharfsinnige Argumentation begeistert: *„Meister, du hast gut geantwortet"* (Lk 20,39).

Der Gedanke einer Auferstehung der Toten war offenbar für Jesus zentral. Nur auf dieser Grundlage konnte er seine feste Überzeugung vermitteln, dass der Mensch für sein Handeln einmal zur Rechenschaft gezogen wird. In einigen seiner Gleichnisse verdeutlichte er, dass die Bindung an Gott absolute Priorität im Leben haben sollte. Denn es ist diese Bindung, aus welcher der Mensch Kraft und ethische Orientierung bezieht und die ihn befähigt, Gottes Weisungen gerecht zu werden. Ignoriert oder missachtet der Mensch den Anspruch Gottes hingegen und verweigert sich einer Bindung an ihn, so Jesu Aussage, so muss er sich vor Gott nach seinem Tod dafür verantworten.
Jesu Botschaft orientiert sich in diesem Punkt, ganz in der Tradition der heiligen Schriften stehend, eindeutig an der Vorstellung eines gerechten Gottes, doch wird diese Gerechtigkeit ins Jenseits verlagert. Gott bestraft Menschen nicht zu Lebzeiten, schon gar nicht mit Krankheit oder Leid. Doch ihr Handeln wird – nach den Aussagen Jesu – nicht folgenlos bleiben, sondern hat Konsequenzen – nicht unbedingt in diesem Leben, aber auf jeden Fall in der Begegnung mit Gott im jenseitigen Leben.

Bei der Frage, was diejenigen erwartet, die Gottes Anspruch auf Erden nicht gerecht wurden, benutzte Jesus das Bild eines qualvollen Ortes, an dem *Heulen und Zähneknirschen* sein wird. Diese körpersprachliche Metapher soll das schreckliche Leid ausdrücken, das die Menschen dort erwartet. Meines Erachtens ist eine derart primitive Idee heute unbedingt kritisch zu hinterfragen. Im Übrigen wird die Vorstellung, dass es im Gericht nur die Alternative zwischen Errettung und Verdammnis gibt, der Komplexität menschlichen Denkens, Fühlens und Handelns nicht im entferntesten gerecht. Der Mensch ist nicht *entweder* gut *oder* böse, *entweder* altruistisch *oder* egoistisch, *entweder* gerecht *oder* gottlos – ganz im Gegenteil: Es gibt unendlich viele Schattierungen und Abstufungen zwischen den beiden Polen „fromm" und „gottlos".[138]

Erschwerend kommt dazu, dass die meisten Menschen keine starre, allzeit festgelegte und unverrückbare Position zwischen diesen Polen einnehmen. Im Gegenteil, Menschen verändern sich, machen Entwicklungen durch und sind sehr variabel in ihrem Verhalten und Denken sowie in ihren Entscheidungen. Deshalb beinhaltet auch die älteste Rechtsprechung mehr abgestufte Sanktionsmöglichkeiten als lediglich die Wahl zwischen Freispruch oder Todesstrafe. Die simple Aufteilung des Jenseits in Himmel und Hölle würde dem Menschen in keiner Weise gerecht.[139] Gott aber ist gerecht, wie unablässig in der Bibel betont wird!

Es gehört zu den Spannungsfeldern in Jesu Lehre, dass er den Widerspruch zwischen zwei Gottesbildern, die er verkündet, nicht auflöst: Auf der einen Seite malt er das Bild von Gott als liebendem Vater, der auch den verlorenen Sohn, als er reumütig heimkehrt, in bedingungsloser Barmherzigkeit wieder annimmt.[140] Obwohl der Sohn gegenüber dem Vater Schuld auf sich geladen hat, muss er diese Schuld in keiner Weise büßen oder bezahlen, sondern wird ohne Auflagen oder Einschränkungen nach seiner Umkehr wieder ins Vaterhaus aufgenommen. Auf der anderen Seite äußert Jesus unmissverständliche Drohungen gegenüber allen Uneinsichtigen, die nicht umkehren zu Gott. Allerdings richtet er seine Wehe-Rufe niemals gegen Einzelne, die zu ihm kommen, ihm zuhören oder mit ihm diskutieren. Stattdessen formuliert er grundsätzliche Konsequenzen von bösem Tun, beispielsweise sagt er einmal: *„Wer einem von diesen Kleinen, die an mich glauben, Ärgernis gibt, für den wäre es besser, wenn ihm ein Mühlstein um den Hals gehängt und er in der Tiefe des Meeres versenkt würde"*[141] Auch ganze Ortschaften werden von ihm mit unheilvollen Verheißungen bedacht: *„Weh dir, Chorazin! Weh dir, Betsaida! Denn wenn in Tyrus und Sidon die Machttaten geschehen wären, die bei euch geschehen sind – längst schön wären sie in Sack und Asche umgekehrt. Das sage ich euch: Tyrus und Sidon wird es am Tag des Gerichts erträglicher ergehen als euch. Und du, Kafarnaum, wirst du etwa zum Himmel erhoben werden? Bis zur Unterwelt wirst du hinabsteigen"* (Mt 11,21-23).[142]

Auch in seinen Gleichnissen, wo es um grundsätzliche Fragen der Lebensführung geht, malt Jesus immer wieder düstere Gerichtsszenarien, indem er den einen ewiges Leben und den anderen ewige Gottesferne – oder Schlimmeres – in Aussicht stellt. Hier wird eine Ambivalenz sowohl des jüdischen als auch des christlichen Gottes deutlich: Es ist die Ambivalenz zwischen rigoroser Strenge auf der einen und beispielloser Barmherzigkeit auf der anderen Seite. Dieser Zwiespalt zieht sich in unterschiedlichen Ausprägungen sowohl durch das Alte als auch durch das Neue Testament hindurch.

Besonders krass tritt die innere Spannung dieses Gottesbildes im letzten Buch der Bibel, der sogenannten „Offenbarung des Johannes", zutage. Die dort formulierten Prophezeiungen beziehen sich, so der Konsens der theologischen Forschung, auf die Zukunft des damaligen römischen Reichs. Der Verfasser, der in diesem Reich erste Christenverfolgungen erlebt hat, malt das Bild eines erbarmungslos rächenden, ja, geradezu brutal handelnden Gottes, der im Weltgericht die Menschen nach ihren Werken beurteilt und nur zwei Verfahrensausgänge kennt: Die Verdammten werden in einen feurigen Pfuhl geworfen und die Nichtverdammten dürfen mit Gott zusammen auf einer neuen Erde wohnen. Auf dieser neuen Erde wird Gott, wie es heißt, mitten unter den Menschen wohnen, sich ihnen zuwenden und „*alle Tränen von ihren Augen abwischen*: Der Tod wird nicht mehr sein, keine Trauer, keine Klage, keine Mühsal. Denn was früher war, ist vergangen" (Offb 21,4f.).

Das Sein in der Ewigkeit wird in dieser Verheißung durch zwei entscheidende Attribute charakterisiert: es ist ein Sein bei Gott – und es kennt kein Leid mehr. Was für eine tröstliche Vorstellung – doch die Kehrseite der Medaille, nämlich das unvorstellbare Leid der Verurteilten, nimmt dem trostreichen Bild seinen Glanz, seine Anziehungskraft und seine Glaubwürdigkeit. Meines Erachtens sind die Visionen des Johannes nur allzu sehr und allzu eindeutig von menschlichen Vergeltungsphantasien diktiert.

Fazit:

Der Gedanke, dass die persönliche Verbindung zwischen Gott und Mensch über den körperlichen Tod hinaus existiert, bildete sich in den letzten Jahrhunderten vor der Zeitenwende im jüdischen Glauben. Er wurde von Jesus ebenso übernommen wie der dualistische Gerichtsgedanke, der die Menschen nach ihrem Tod in zwei Kategorien einteilt. Die Bilder, die Jesus in seiner Botschaft verwendet, spiegeln die Überzeugung wider, dass der Mensch in irgendeiner Weise vor Gott (gedacht als personales Gegenüber) für sein irdisches Leben Rechenschaft ablegen muss. Wie das Urteil Gottes jeweils ausfallen wird, das heißt: in welcher Weise Gott dem Einzelnen mit diesem Urteil gerecht wird, entzieht sich menschlicher Vorstellungskraft. Ebenso können wir über etwaige Konsequenzen eines finalen Gottesurteils nichts wissen, zumal der Mensch auch über Jenseitiges nur in diesseitigen Bildern denken und sprechen kann.

Doch die Hoffnung, dass der Tod eine Schwelle ist, über die wir in eine andere, leidfreie Existenz bei Gott eintreten, nimmt dem Tod zweifellos viel von seinem Schrecken. Zumindest gilt dies für all jene Menschen, die in Verbindung mit Gott leben und auf Gottes wohlwollende Barmherzigkeit schon im diesseitigen Leben vertrauen. Mit diesem Vertrauen,

> in dem die Hoffnung eingeschlossen ist, dass Gottes Güte uns nach dem Tod empfängt und umfängt, hat der Mensch einen festeren Stand im Leben – und kann sowohl dem Sterben als auch dem Tod mit größerer Gelassenheit entgegen sehen.

Der Glaube an Jesu Auferstehung

Lange Zeit wurde von den Christen nur das Gedenken an die Auferweckung Jesu von den Toten gefeiert – unser heutiges Osterfest. Weihnachten – die Erinnerung an seine Geburt – folgte erst Jahrhunderte später. Aus gutem Grund: die Verkündigung der Auferweckung des Gekreuzigten gehörte zur Kernbotschaft der ersten Christen. So schreibt der jüdische Schriftgelehrte Paulus, der zunächst die Anhänger Jesu verfolgte, später aber durch ein Bekehrungserlebnis zum glühenden Verkünder von Jesus als dem Erlöser aller Menschen wurde, in einem seiner frühen Briefe: *„Wenn aber Christus nicht auferweckt worden ist, dann ist euer Glaube nutzlos und ihr seid immer noch in euren Sünden; und auch die in Christus Entschlafenen sind dann verlohren. Wenn wir allein für dieses Leben unsere Hoffnung auf Christus gesetzt haben, sind wir erbärmlicher daran als alle anderen Menschen"* (1 Kor 15,17-19).

Für Paulus ist die Auferstehung Jesu offensichtlich der Dreh- und Angelpunkt seines Glaubens, weil sie „beweist", dass Jesus von Gott erwählt wurde, um durch seinen unschuldigen Tod das ein- für allemal gültige Opfer

für die Sünden der Menschen zu bringen. Alle, die diesen Opfertod Jesu im Glauben annahmen, durften laut Paulus mit der Vergebung ihrer Schuld rechnen. Damit war das jüdische Gesetz, das Gottes Barmherzigkeit mit der Beachtung der göttlichen Weisungen untrennbar verbunden hatte, nicht mehr die ausschließliche Richtschnur für Gottes Urteil über den Menschen! Darauf kam es Paulus an: nicht nur auf ein neues Sein in Christus schon zu Lebzeiten, sondern ebenso auf die Hoffnung, nach dem Tod nicht mit einer Verurteilung Gottes rechnen zu müssen.
Paulus war im jüdischen Glauben aufgewachsen, doch man kann davon ausgehen, dass für die Menschen des römischen Reiches, in dem er sich bewegte, der Gedanke, dass nach dem Tod eine andere Form des Lebens folgt, viel selbstverständlicher war als für unsere heutige Gesellschaft. Dementsprechend beschäftigte viele die Frage, wie es nach dem Ende der irdischen Existenz wohl weitergehen würde. Paulus beantwortete sie mit der Botschaft, dass Jesu Tod die Erlösung von aller Schuld garantierte. Damit nicht genug, wurde Jesu Auferstehung auch das Unterpfand der Hoffnung, dass Gott stärker ist als der Tod und auch die Gläubigen einst auferwecken wird.
Tatsache ist: Dieser Glaube war einer der Hauptursachen für die rasche Ausbreitung des Christentums im römischen Reich.
Wie aber sind die Erzählungen über Jesu Auferweckung einzuordnen? Hans Küng hat sich in seinem Buch „Ewiges Leben?" intensiv mit dieser Frage beschäftigt. Schnörkellos stellt er fest: *„Auferweckung meint nicht ein Naturgesetze durchbrechendes ... Mirakel. Zu photografieren und registrieren gab es nichts. Historisch feststellbar sind der*

Tod Jesu und dann wieder der Osterglaube und die Osterbotschaft der Jünger ... Die Auferweckung selber aber – kein öffentliches Ereignis – lässt sich nicht dingfest machen."[143] Weiter betont Küng, dass die Auferstehung Jesu „kein historisches, trotzdem aber ein wirkliches Ereignis" war: *„Was geschehen ist, sprengt und übersteigt die Grenzen der Historie. Es geht um ein transzendentes Geschehen aus dem menschlichen Tod in die umgreifende Dimension Gottes hinein. Auferweckung bezieht sich auf eine völlig neue Daseinsweise in der ganz anderen Dimension des Ewigen, umschrieben in einer Bilderschrift, die interpretiert werden muss. Dass Gott dort das letzte Wort behält, wo menschlich gesehen alles zu Ende ist, das ist das wahre Wunder der Auferstehung: das Wunder der Neuschöpfung des Lebens aus dem Tod!"*[144] Deutlich wird, wie auch Hans Küng hier an die Grenzen des mit Worten Aussagbaren kommt. Dennoch versucht er so ehrlich und so präzise wie möglich seinen eigenen Glauben zu formulieren: *„Der **Glaube**, der hier gefordert wird, bezieht sich somit nicht auf irgendwelche frommen Legenden oder sensationelle Wunderlichkeiten ... Nein, der Auferweckungsglaube, eine durchaus vernünftige Vertrauens- und Hoffnungshaltung, bezieht sich auf die Wirklichkeit und Wirksamkeit Gottes selber, der in Jesus den Tod überwunden hat."*[145]
Was dies für uns Menschen heute bedeutet, fasst Küng folgendermaßen zusammen: *„Der Gekreuzigte lebt für immer bei Gott – als Verpflichtung und Hoffnung für uns! Die Menschen des Neuen Testaments sind getragen, ja fasziniert von der Gewissheit, dass der Getötete nicht im Tod geblieben ist, sondern lebt, und dass, wer an ihn sich hält und nachfolgt, ebenfalls leben wird."*[146]

Und ich selbst? Was glaube ich? Ich kann nur das mitteilen, was ich gegenwärtig glaube – ohne die Gewissheit, dass dies auch in meinen letzten Lebensjahren oder -stunden noch mein Glaube sein wird. Denn ich bin zu der Erkenntnis gekommen: Zweifel ohne Glaube ist trostlos, und Glaube ohne Zweifel ist geistlos. Beides gehört für mich deshalb zusammen, und die damit verbundene intellektuelle und psychische Spannung muss ich akzeptieren und aushalten. Und beides möchte ich mir zugestehen – den Wunsch, an eine höhere Macht, von mir Gott genannt, zu glauben und mich ihr anzuvertrauen, ebenso wie den Wunsch, meine Glaubensinhalte mit den Einsichten und Resultaten meines Wissens und Denkens in Einklang zu bringen. Die unausweichliche Folge ist, dass mein Glaube ein ständiges Unterwegssein bedeutet. Ein Glaube, der sich als *ein- für allemal eingenommener und nicht mehr hinterfragter Standpunkt* definiert, ist mir – zumindest bis jetzt noch – verwehrt.[147]

Doch bin ich zutiefst überzeugt davon, dass ein hilfreicher Glaube immer beides sein sollte: Lebenshilfe und Sterbehilfe. Damit meine ich, dass er sich darin bewährt, wie wir unser Leben führen und bewältigen, aber auch und erst recht darin, wie wir mit Sterben und Tod umgehen – von „fertigwerden" kann ich nicht sprechen, denn man ist und wird mit dem Tod niemals „fertig".

Wie aber denke ich selbst gegenwärtig über den Tod?

Kurz gesagt: ich vertraue darauf, dass mein physischer Tod ein Tor ist, durch das ich in eine andere Wirklichkeit eintrete. Und ich hoffe – um das Bild von Psalm 73 aufzugreifen –, dass mich die Hand, von der ich mich zu Lebzeiten gehalten und geführt fühlte, auch im Sterben und in dem Danach nicht loslassen wird. Das, worauf ich vertrauen will – auch zum Vertrauen kann oder *muss* man sich ja angesichts des vielen, was dagegen spricht, immer wieder mutig entscheiden –, findet sich in jenen schlichten Worten wieder, die der Dichter Matthias Claudius in einem Brief an seinen fiktiven Vetter Andres im Jahr 1797 geschrieben hat (einige Worte habe ich dem heutigen Deutsch angepasst):[148]

Wer nicht an Christus glauben will,
der muss sehen, wie er ohne ihn auskommen kann.[149]
Ich und du können das nicht.
Wir brauchen jemand, der uns hebe und halte, solange wir leben,[150]
und uns die Hand unter den Kopf lege, wenn wir sterben sollen;
und das kann er überschwänglich, nach dem, was von ihm geschrieben steht,
und wir wissen keinen, von dem wir's lieber hätten.
Keiner hat je so geliebt, und so etwas in sich Gutes und Großes,
wie es die Bibel von ihm saget und setzet,
ist nie in eines Menschen Herz gekommen ...
Es ist eine heilige Gestalt,
die dem armen Pilger wie ein Stern in der Nacht aufgehet,
und sein innerstes Bedürfnis, sein geheimstes Ahnen und Wünschen erfüllt ...

Schöner und treffender könnte ich es auch heute, über 200 Jahre später, nicht formulieren.

Exkurs: Der Buddhismus und die Hoffnung auf Wiedergeburt

Viele Menschen in der westlichen Welt, für die der christliche Glaube keine Bedeutung oder Plausibilität hat, finden Hoffnung in der aus dem Buddhismus entnommenen Vorstellung einer Wiedergeburt in anderer Gestalt hier auf Erden.

Gemeinsam mit dem Christentum ist nach buddhistischem Glauben, dass nach dem Tod eine Art Bilanz gezogen wird. Doch was daraus folgt, sieht im buddhistischen Denken völlig anders aus als im christlichen Glauben. Hat der Verstorbene seine Aufgabe auf Erden nur ungenügend erfüllt, so muss er nach buddhistischer Überzeugung in anderer Gestalt wieder zurück in die Welt, um sich erneut zu bewähren. Wohlgemerkt: Er muss! Küng beschreibt dieses Denken folgendermaßen: „*Wer durch Überwindung seines Lebensdurstes und Erleuchtung seine Begierden zum ‚Erlöschen' gebracht hat . . ., darf schon zu Lebzeiten das – freilich noch unvollkommene – Nirwana erfahren. Wer jedoch den egoistischen Lebensdurst zu Lebzeiten nicht überwunden hat, verurteilt sich selbst nach dem Tod zur Wiedergeburt. Nur wer als Erleuchteter stirbt, ist dem Zwang zur Wiedergeburt endgültig enthoben.*"[151] Das bedeutet: erst wenn der Mensch richtig gelebt hat, wird ihm die ewige Ruhe geschenkt. Die Rückkehr auf die Erde wird keineswegs als Geschenk, sondern als schwere Bürde angesehen. Der entscheidende Unterschied zum christlichen Glauben besteht darin, dass das Christentum keine Wiedergeburt auf Erden kennt, dass für ihn jedoch ein göttliches Gegenüber existiert, was im Buddhismus nicht der Fall ist. Das Gehen ins Nichts ist mit einer Auslöschung der persönlichen Individualität verbunden – und genau diese Auslöschung wird als die eigentliche Erlösung des Menschen angesehen.

VII: Angst vor der Begegnung mit dem sterbenden Menschen und vor dem eigenen Sterben – Fragen und Antworten

Ich hoffe, auch getragen durch meinen Glauben, dass das Sterben ein Übergang in eine andere Daseinsform ist – ja, dass Gottesbegegnung stattfindet. Wenn das eintreten sollte, wird dieses Dasein aber jenseits unserer Vorstellung sein. Ich hoffe, dass all die Fragen, die mich bewegen über das Leid in der Welt ... beantwortet werden – aber vielleicht stellen sich die Fragen dann auch gar nicht mehr.

(Claudia Bausewein[152])

Angst ist ein starker Antrieb, aber ein schlechter Ratgeber

Das Wort Angst hat die Wurzel eng – das bedeutet: je mehr Angst wir haben, desto unfreier sind wir. Denn wovor wir Angst haben, das meiden und verdrängen wir, davor weichen wir aus – wodurch unser persönlicher Handlungsspielraum immer enger wird.

Damit nicht genug, engt Angst auch unsere Wahrnehmung derart ein, dass einem Hören und Sehen vergehen kann. Starke Angstgefühle blockieren unsere Denkfähigkeit und verhindern, dass wir gründlich, kritisch oder kreativ reflektieren. Deshalb ist Angst nicht vereinbar mit Nüchternheit, Besinnung, Nachdenklichkeit. Und deshalb schließen sich Angst und Gelassenheit ebenso aus wie Angst und Freude, Angst und Heiterkeit sowie Leichtigkeit, denn Angst macht humorlos, nervös, unruhig, gereizt, schnell aggressiv.

Es ist nicht einfach, auf das Thema „Sterben und Tod" anders als mit dem Reflex der Angst zu reagieren. Dass uns der Gedanke, dieses Leben zu verlieren, mit Unbehagen erfüllt, ja, dass wir vor diesem Gedanken zurückschrecken, ist menschlich, zutiefst menschlich. Zumal, wenn es noch vieles gibt, was uns auf dieser Erde festhält. Sagte nicht schon Albert Schweitzer „Was lebt, will leben!"? Recht hatte er. Es gehört zu allem Lebendigen, dass es lebendig bleiben will.

Der Wunsch, möglichst lange gesund zu bleiben, wurzelt in der Annahme, dass Gesundheit die Grundlage von Vitalität und Bewegungsfreiheit bildet. Gesund zu sein scheint deshalb vielen Menschen gleichsam der Garant dafür zu sein, noch viel Lebenszeit vor sich zu haben. Was nur allzu oft ein fataler Trugschluss ist; nur einige Beispiele seien genannt.

Da überlegt der Sohn einer Freundin gerade, mit seiner schwangeren Frau entspannt auf dem Sofa sitzend, einen Namen für ihr erstes Kind und bricht plötzlich tot zusammen: Lungenembolie. Einer meiner Jugendfreunde schläft in der Silvesternacht auf der Fahrt nach Spanien am Steuer ein, kommt von der Straße ab und verunglückt tödlich. Ein anderer Jugendfreund ertrinkt beim Baden.

Eine Bekannte stürzt bei einer Skitour in den Alpen in eine Gletscherspalte und stirbt. Ein Freund, auf dessen Geburtstagsfest wir uns freuten, erleidet beim Skifahren einen Genickbruch und stirbt wenige Tage später im Spital. Und so weiter. Es gibt so viele Wege, plötzlich aus dem Leben gerissen zu werden – auch heute noch.

Deshalb darf man ihn wohl fürchten, den Tod; auch viele biblische Texte machen kein Hehl aus dieser Furcht. Nicht nur die Furcht vor dem frühen, zu frühen Tod wird formuliert, sondern die Angst vor dem Tod überhaupt, meist verbunden mit der flehentlichen Bitte: „Gott im Himmel, verschone uns! Herr, rette mich!"

Kein Zweifel: Angst ist ein starkes Gefühl, das es unbedingt ernst zu nehmen gilt, weil es eine lebenswichtige Funktion für den Menschen hat. Angst soll ihn zum raschen Handeln bewegen, das mittels Kampf oder Flucht, Verteidigung oder Ausweichen dem eigenen Überleben dient. Auch soll Angst zu Vorsorgemaßnahmen aller Art motivieren.

Doch wenn etwas so unausweichlich wie Sterben und Tod ist, sollte man sich mit dem Unausweichlichen irgendwann beschäftigen – und nicht nur aus- und zurückweichen.

Das kann man von jungen Menschen noch nicht erwarten. Als ich die Schüler eines Tübinger Gymnasiums im Rahmen eines Projekts zum Thema „Organspende" fragte, wer von ihnen bereit wäre, einen Organspendeausweis auszufüllen, sagte ein 16jähriger ernst zu mir: „Ich möchte so einen Ausweis nicht ausfüllen, denn ich will mich mit meinem Tod noch nicht beschäftigen!" Seine Ehrlichkeit beeindruckte mich.

Würde mir jedoch ein Fünfzig- oder Sechzigjähriger diese Antwort geben, wäre ich schon weniger beeindruckt. Erst recht, wenn Siebzig- und Achtzigjährige um das Thema „Tod" immer noch beharrlich einen Bogen machen, wie es tatsächlich vorkommt. *„Mutig ist nicht der, der keine Angst hat, sondern der, der seine Angst überwindet"*, soll Mahatma Gandhi gesagt haben – und es stimmt. Wer seiner Angst vor Sterben und Tod mutig begegnet, bekommt die Chance, sein Leben so zu gestalten, dass der Tod nicht bis zuletzt verdrängt werden muss, sondern mitgedacht werden kann – ohne darum die Lebensfreude zu verlieren.

Tatsache ist, dass der Mensch all jene Güter ganz besonders wertschätzt, bei denen er sich darüber im Klaren ist, dass sie begrenzt sind. Gold wäre nicht wertvoll, wenn es im Überfluss vorhanden wäre. Urlaub ist deshalb etwas Besonderes, weil man von Anfang an weiß, dass er nur eine begrenzte Zeit dauert, und Feste sind deshalb so schön, weil sie die Ausnahme in unserem Leben sind, nicht die Regel. Aus genau diesem Grund sollte man sich, um das Leben intensiv und richtig zu leben, immer wieder bewusst machen, dass es nicht ewig dauert. Mehr noch: dass wir nicht einmal wissen, wie viel Zeit wir noch vor uns haben. Der Gedanke sollte uns nicht ängstigen, sondern unser Bewusstsein schärfen.

„Wir dachten, wir hätten noch so viel Zeit" – wie oft habe ich diesen Satz in Traueranzeigen schon gelesen! Die Verstorbenen, denen er galt, waren keineswegs vorwiegend junge Menschen, sondern oft handelte es sich um weit über 70jährige! Ja, oft wird selbst der Tod von Menschen jenseits der Achtziger in Todesanzeigen noch mit den

Worten „unerwartet" oder gar „aus dem Leben gerissen" kommentiert.

Gewiss kann man nicht mit ständiger Todeserwartung leben, sonst könnte man nichts mehr planen, sich keine Ziele mehr setzen. Doch man darf auch nicht so tun, als ob man, egal in welchem Alter, immer noch „viel Zeit" vor sich habe. Erst recht sollte man nicht so leben, als ob es den Tod nicht gäbe oder als ob er immer nur die Übernächsten, nie die Nächsten betreffe. Darum: Wer nicht nur sein eigenes Leben wertschätzt, sondern in Liebe mit anderen Menschen verbunden ist, sollte auch deren begrenzte Lebenszeit im Auge behalten. Ein Lied, das in meiner Jugendzeit ein Hit war und mich sehr nachdenklich stimmte, nennt einen guten Grund dafür:

Ihr kennt ihn alle, er wohnt Tür an Tür,
‚später', so sagte er immer zu mir.
Später, wenn er reich ist, will er leben,
dann will er auch noch den Armen was geben.
Später, wann ist das, hab ich ihn gefragt,
er hat nur gelacht und hat ‚später' gesagt.
Obwohl ich ihn liebte, ließ ich ihn allein –
später, da kann es zu spät für uns sein.
Später, da wollte er glücklich sein, später, da wollte er vieles verzeihn.
Später, wann ist das, hab ich ihn gefragt,
er hat nur gelacht und hat ‚später' gesagt ...
Später will er so vieles noch machen,
später will er vielleicht sogar lachen.
Später wollt' er das Leben genießen, mit mir seine Erfolge begießen.

Später, wann ist das, hab ich ihn gefragt,
er hat nur gelacht und hat ‚später' gesagt...
Nun hab ich es in der Zeitung gelesen:
Später, das ist für ihn gestern gewesen.
Später – das ist zu spät gewesen.

Ob ein solcher Text, gesungen im Jahr 1973, heute auch noch Chancen hätte, ein Hit zu werden?[153] Ich bezweifle es – zu sehr weichen die Menschen in der „Spaßgesellschaft" diesem Thema aus.

Die Begegnung mit dem sterbenden Menschen

Viele Menschen benötigen an ihrem Lebensende irgendeine Form der Betreuung, und zahlreichen Angehörigen ist es ein Bedürfnis, den Sterbenden in seinen letzten Tagen oder Stunden nicht allein zu lassen. Doch oft sind gerade die nahestehenden Menschen mit der Situation überfordert – aus verständlichen Gründen. Zum einen wissen viele von ihnen nicht, wie ein sterbender Mensch zu behandeln ist – was darf man in seiner Gegenwart sagen oder tun, wie darf oder sollte man mit ihm sprechen und umgehen? Zum andern ist die Begegnung mit dem Tod für nicht wenige eine Erfahrung, auf die sie in keiner Weise vorbereitet sind. Und zum Dritten sind gerade Familienmitglieder oft von starken Gefühlen überwältigt. Diese Gefühle können in Liebe und Mitleid sowie Traurigkeit bestehen. Sie können Erschrecken, Wut oder zumindest Zwiespältigkeit gegenüber dem Sterbenden beinhalten. Oder sie können sich in Angst manifestieren. Nicht wenige Angehörige, die eine Sterbesituation erlebten und sich restlos überfordert fühlten, entschließen sich in der Folgezeit, eine Ausbildung in Trauerbegleitung oder in der Hospizarbeit zu machen. Sie tun dies aus der Erfahrung heraus, dass es hilfreicher für alle Beteiligten gewesen wäre, wenn sie selbst besser vorbereitet gewesen wären.

Was aber könnte zu einer solchen Vorbereitung gehören, wie könnte sie aussehen? Einige wichtige Fragen und Antworten, die man vor der unmittelbaren Konfrontation mit dem Sterben eines geliebten Menschen für sich selbst klären sollte, seien genannt:

Soll ich einem todkranken Menschen sagen, dass er bald sterben wird?

Viele Menschen spüren, dass ihr Lebensende naht, doch nicht alle können den Gedanken auch zulassen. Dann sollte man einen Menschen nicht zwingen, sich mit seinem nahen Tod zu beschäftigen. Wichtiger ist es, seinen Wunsch, diesem Thema auszuweichen, zumindest eine Zeitlang auch zu respektieren. „Die Seele braucht Zeit, sich mit einer unerfreulichen Realität auseinanderzusetzen, um diese dann im besten Fall zu akzeptieren. Für eine gewisse Zeit ... ‚nicht hinzusehen' ist eine Schutzfunktion. Manche Menschen ertragen die Wahrheit nur in kleinen Portionen", schreibt Bausewein.[154] „Für eine gewisse Zeit" – damit macht die Palliativmedizinerin deutlich, dass es auch hier Grenzen gibt. Wenn wir einen geliebten Menschen gehen lassen müssen, haben wir auch das Recht, ihm wahrhaftig zu begegnen und zu keinem Zeitpunkt zur Lüge gezwungen zu sein. Wenn er fragt, wie es um ihn steht, sollte man ihm mitteilen, was man weiß, ohne jedoch zu konkret zu werden.

Die Aussage „Deine Krankheit ist, so wie es aussieht, nicht mehr heilbar", lässt dem Kranken mehr gedanklichen Spielraum als die Antwort: „Du stirbst bald". Grundsätzlich sollte man sich vor allzu präzisen Zeitangaben („Du lebst noch zwei Monate") hüten – hier irrten nicht nur Ärztinnen und Ärzte schon allzu oft.

Auch gilt es, gerade bei Schwerkranken immer die Möglichkeit einer unerwarteten Wendung zum Guten offen zu lassen, sofern man spürt, dass der Kranke dieser Hoffnung dringend bedarf. In der Tat gibt es bis heute immer wieder Spontanheilungen oder medizinische Wunder, mit denen niemand rechnen konnte, und wir haben nicht das Recht, diese Möglichkeit von vornherein oder definitiv auszuschließen.

Oft tasten sich Kranke und Sterbende mit vorsichtigen Äußerungen an ihr Gegenüber heran. Sie wollen ausloten, wie offen sie sein, wie sehr sie dem Gesprächspartner vertrauen können. Hier gilt es, einfühlsam zu reagieren und die Sterbenden nicht unnötig zu bekümmern oder zu überfordern.

Die Kunst des guten Sterbebegleiters besteht folglich darin, auf Aussagen, Hoffnungen oder Befürchtungen des Dahingehenden mit vorsichtigem Nachfragen anstatt mit schnellen Kommentaren zu reagieren. Gerade Fragen können leichter zu einem offenen Gespräch führen, wohingegen allzu rasche und eindeutige Antworten häufig

Gesprächskiller sind. Am besten eignen sich Fragen, die es dem Sterbenden ermöglichen, auch Gefühle, Fantasien, Wünsche oder Erinnerungen zu äußern.

Darf ich einen alten oder sterbenden Menschen fragen, ob er „sein Haus bestellt hat"?

Grundsätzlich gilt: Warten Sie nicht zu lange, bis Sie einen Menschen, der voraussichtlich nicht mehr lange lebt, darauf ansprechen, ob gewisse Regelungen getroffen wurden. Natürlich kann diese Frage immer falsch ausgelegt werden im Sinne von: „Kannst du es nicht erwarten, dass ich sterbe?" Oder: „Hast du mich etwa schon abgeschrieben?" Dieser Verdacht darf natürlich nicht im Raum stehen. Andererseits sollte uns die Furcht vor dieser Frage auf keinen Fall daran hindern, Wichtiges, das zu regeln ist, offen anzusprechen. Mit einer einleitenden Erklärung kann man missverständliche Deutungen durchaus im Keim ersticken, beispielsweise indem man sagt: „Wir wissen beide nicht, wie lange du und ich noch leben, und natürlich wünschen wir uns, dass es noch lange der Fall sein wird. Dennoch wäre es für mich eine Beruhigung, wenn ich wüsste, dass du gewisse Dinge geregelt hast. Wie geht es dir damit?" Wenn dann die barsche Antwort folgt: „Das geht dich gar nichts an!", sollte man sich nicht sofort den Mund verbieten lassen. Stattdessen empfiehlt es sich, ruhig zu erklären, weshalb man anderer Auffassung ist.

Ebenso sollte man sich nicht mit der abwehrenden Beschwichtigung: „Das hat doch noch Zeit!" abspeisen lassen, denn meist bedeutet diese Antwort nur ein Hinausschieben auf den Sankt-Nimmerleins-Tag. Hier ist es durchaus angebracht, mutig zu kontern: „Das wäre schön, wenn uns noch viel Zeit miteinander bliebe, aber wir wissen es eben nicht!"
Abgesehen von der Notwendigkeit, einiges Organisatorische (Vollmacht, Patientenverfügung, Testament etc.) möglichst offen, aber nicht neugierig anzusprechen, ist es manchen Angehörigen auch ein inniges Bedürfnis, dem Sterbenden rechtzeitig vor seinem Abschied von dieser Welt noch einige liebevolle Worte zu sagen – oder ihm „nur" zu danken.

Soll ich mit einem bald Sterbenden über dessen Probleme sprechen?

Auch hier gilt der Grundsatz, dass man nichts erzwingen oder übers Knie brechen sollte. Nie ist der Mensch so verletzlich und seelisch ausgeliefert wie im Zustand schwerer Krankheit oder zunehmender Schwäche am Lebensende. Spüren wir, dass der Todkranke oder Sterbende von starken Gefühlen bewegt wird, so dürfen wir diese Gefühle behutsam ansprechen – egal, ob es sich um Sorgen, Traurigkeit oder Unruhe handelt. Wichtig ist immer, dass wir dabei signalisieren: „Du darfst alles sagen, fragen oder zeigen, ich beurteile und verurteile dich nicht, sondern ich will dich verstehen und dir beistehen." Auf keinen Fall sollten wir die Gefühle unseres Gegenübers bewerten mit

Aussagen wie „Das ist doch Unfug!" oder „Du brauchst dieses Gefühl nicht zu haben!" Schließlich sucht der Sterbende vor allem einen Raum, in dem er sich verstanden und respektiert fühlt mit seinen Gefühlen oder Fragen. Sie auszuhalten ist oft schwerer, als Antworten zu geben.

Wie aber gehen wir damit um, dass der Sterbende uns gegenüber seine *Angst* vor dem Sterben oder dem Tod signalisiert?
Ich habe diese Situation vor einiger Zeit erlebt, als ich am Sterbebett einer Bekannten saß. Was uns verband – und weshalb sie mich gerufen hatte –, war unser Glaube an eine höhere Macht (den Gott Jesu von Nazaret).[155] Meine Bekannte, ich nenne sie Ingeborg, hatte mir ihre Angst mitgeteilt, vor dem Richterstuhl Gottes nicht bestehen zu können. Ich hatte ihr geantwortet, dass wir dank der Botschaft Jesu von Nazaret an einen Vater glauben dürfen, der uns, die wir zu Lebzeiten versucht haben, nach seinem dreifachen Gebot der Liebe zu leben, gewiss nicht verdammen, sondern mit Barmherzigkeit umhüllen wird. Dennoch, es blieb ihre Sorge: „Was kommt auf mich zu? Was erwartet mich?" In dieser Situation griff ich zu einem Text, den nicht ich verfasst hatte, denn ich hätte manches so nicht sagen, mit dieser Überzeugung nicht formulieren können. Doch ich wusste, dass die Bilder, die in diesem Gedicht vorkommen, die Seele ansprechen. Denn vor allem in emotional schwierigen Situationen kann der Mensch einen enormen Halt darin finden, sich innere Bilder zu machen, die das Unvorstellbare fassbarer machen. Ich las folgenden Text von Ute Latendorf:[156]

Geh nur beruhigt, dort wartet schon der Engel am Tor.
Geh nur beruhigt, die Wege drüben sind leicht zu gehen,
weich ist das Gras unter den Füßen,
und klar ist die Luft wie nirgendwo sonst.
Geh nur beruhigt, dort wartet schon der Engel am Tor.
Geh nur beruhigt, drüben ist Liebe und Vergebung der Sünden.
Wunden heilen und Narben verblassen.
Wirf alle Lasten ab, mach dich leicht.
Geh nur beruhigt, die Tür steht weit offen,
du wirst schon erwartet.
Geh nur beruhigt, sag: „Vater, ich komme heim!"
Lass los, was du hältst.
Mach dich wehrlos und offen für das Wunder
von Auferstehung und Verwandlung.
Streck deine Hand aus.
Sieh!
Dort kommt ER dir entgegen.

Als ich geendet hatte, schaute Ingeborg mich mit einem gelösten Lächeln an und bat: „Schreib mir diesen Text auf!" Ich spürte, wie sehr die Worte sie beruhigt und getröstet hatten und notierte das Gedicht für sie. Fast glücklich aussehend schaute sie mir beim Schreiben zu. Dann sagte sie: „Ich möchte, dass Du dies auch an meiner Beerdigung vorliest!" Ich versprach es ihr.

Was ist an den Zeilen von Ute Latendorf so beruhigend und hilfreich? Es ist zum einen die Vorstellung, dass wir von einem Engel, sprich: einem Boten Gottes[157] in Empfang genommen werden, wenn wir die Schwelle des

Todes überschritten haben. Es ist aber auch der Gedanke, dass wir in eine buchstäblich heile Welt eintauchen, in der wir liebevoll erwartet werden.[158]

Doch nicht nur der Todkranke oder Sterbende hat starke Gefühle – auch wir haben sie. Es macht keinen Sinn, diese Gefühle ständig zu unterdrücken – genauso wenig wie es hilft, sie unkontrolliert auszuleben. Ich empfehle deshalb folgende vier Schritte im Umgang mit den eigenen Gefühlen dem Sterbenden gegenüber:

- Identifizieren Sie Ihr Gefühl so klar wie möglich: Was ist es, was ich empfinde?

- Versuchen Sie herauszufinden, welche Gedanken oder Erfahrungen, welche Verletzungen oder (enttäuschte) Erwartungen hinter diesem Gefühl stehen.
  Die Frage „Warum habe ich dieses Gefühl?" ist nicht unbedingt leicht zu beantworten, doch nur, wenn wir uns dieser Frage stellen, kommen wir auch unserem eigenen Problem, das wir mit der sterbenden Person haben, auf die Spur.

- Überlegen Sie, ob es zielführend ist, Ihre Gefühle Ihrem Angehörigen gegenüber zu artikulieren. Kann er damit noch umgehen? Ist er noch geistesgegenwärtig oder belastbar genug, um darauf einzugehen? Kann er ein damit verbundenes, möglicherweise schon lange bestehendes Problem Ihrerseits noch in irgendeiner Weise lösen? Oft muss man sich selbst eingestehen: *„Es ist zu spät. Mein Gegenüber ist dieser Anforderung nicht mehr gewachsen. Ich würde den andern mit meiner Offenheit* *nur belasten oder verstören, beispielsweise, wenn ich ihm mitteile, welch bittere Verletzungen er mir in der Kindheit oder Jugend zugefügt hat.*"

- Sollten Sie erkennen, dass es für eine offene Aussprache oder Klärung zu spät ist, rate ich, mit einer neutralen, aber einfühlsamen Person Ihres Vertrauens über Ihre Gefühle zu sprechen, um nicht im Umgang mit dem Todkranken oder Sterbenden zu sehr von ihnen beherrscht oder gelähmt zu werden.

- Akzeptieren Sie, dass sich aus Ihren Gefühlen oder unverheilten Verletzungen Grenzen Ihres Spielraums gegenüber dem Sterbenden ergeben. Respektieren Sie diese Grenzen und zwingen Sie sich nicht zu einer Nähe, Freundlichkeit oder Versöhnlichkeit, die Ihnen im tiefsten Inneren einfach nicht möglich ist. Delegieren Sie in diesem Fall wichtige Fürsorgeaufgaben lieber an Menschen, die mehr seelische Distanz zu dem Sterbenden haben – oder zu ihm in einem weniger belasteten Verhältnis stehen. Begründen Sie Ihre Entscheidung, damit sie für Ihre Umgebung nachvollziehbar ist. Auch und gerade unter engen Angehörigen sollten diese Offenheit und eine dementsprechende „Arbeitsteilung" möglich sein – sofern sie nicht zu sehr zu Lasten Einzelner geht.

Die Angst vor dem eigenen Sterben

Die Angst vor dem Tod und die Angst vor dem Weg dorthin sind nicht dasselbe. Der Tod signalisiert einen Schlusspunkt, er sorgt dafür, dass wir eines Tages nicht mehr auf Erden anwesend sind. Die Angst davor ist zum einen die Angst, nicht mehr an der Welt mit allem, was zu ihr gehört, teilzuhaben. Denn durch den Tod werden alle Verbindungen zerrissen, die wir zu Lebzeiten geknüpft haben. Zum andern ist die Furcht vor dem Tod auch Angst vor dem Unbekannten. Nicht zuletzt könnte die Furcht vor der Auslöschung der eigenen Person eine Rolle spielen: Sigmund Freud, der „Erfinder" der Psychoanalyse, meinte einmal, dass sich der Mensch sein eigenes Nicht-mehr-Existieren im Grunde gar nicht vorstellen könne.

Sterben hingegen ist, wie schon der Begriff deutlich macht, kein Zustand, sondern ein Prozess. Das Wort selbst leitet sich von einem Verb ab, das ursprünglich „erstarren, steif werden" bedeutete. Dieses Sterben kann sich binnen Sekunden vollziehen, es kann aber auch Tage dauern – je nachdem, was sich im Körper und vor allem in der Seele in welcher Geschwindigkeit ereignet. Auf jeden Fall ist es ein Geschehen, das eine Menge an Fragen aufwirft, für die es keine vorhersagbaren Antworten gibt. Genau dies macht uns unsicher – wir spüren, dass das Sterben sich unseren Berechnungen und Wünschen gänzlich entzieht. Dazu kommt: man kann Sterben nicht trainieren. Die Generalprobe ist quasi auch gleich der Ernstfall. Das passt nicht in unsere heutige Zeit, in der man das Ziel hat, alles in den Griff zu bekommen und unter Kontrolle zu haben.

Dieses Ziel lässt sich unschwer am heutigen gesellschaftlichen Umgang mit dem Thema Älterwerden ablesen: Älterwerden wird immer mehr zu einem Projekt, das zum Ziel hat, den Alterungsprozess möglichst lange hinauszuzögern. Wie immer man zu diesem Projekt stehen mag, es hat seine Grenzen: Ein Seminar mit dem Titel „Besser sterben" habe ich bis zur Stunde in keinem Fortbildungsangebot entdeckt.[159] Aber wer weiß – vielleicht stürzen sich demnächst allerlei Coachs und Spezialisten darauf – vermutlich wäre auch hier eine gewisse Klientel vorhanden, denen man mit vollmundigen Versprechungen Geld aus der Tasche ziehen könnte.

Tatsache ist jedoch: Niemand kann im Voraus wissen, in welcher körperlichen, geistigen und seelischen Verfassung er oder sie einst an der Schwelle zum Tod sein wird. Selbst jemand, der Suizid begeht, weiß nicht, was er in seinen letzten Minuten oder Sekunden denkt, empfindet und erlebt. Die Möglichkeiten sind enorm vielfältig, man kann sie weder planen noch berechnen.

Dennoch macht es Sinn, sich mit dem Gedanken, eines Tages zu sterben, noch in guten Tagen vertraut zu machen. Die Erfahrungen der Menschen, die klinisch tot waren, dann aber wieder ins Leben zurückfanden, legen die Hoffnung nahe, dass unser Sterbeprozess nichts ist, was wir fürchten müssen. Doch hoffen bedeutet: *nicht wissen*, und die Ungewissheit ist ein Zustand, den der Mensch, wenn es für ihn um Wichtiges geht, nur schwer erträgt. Der Dichter Rainer Maria Rilke (1875–1926) hat in seinem Gedicht „Der Schwan" die Erfahrung des Sterbens in ein faszinierendes Bild gefasst:

Diese Mühsal, durch noch Ungetanes
schwer und wie gebunden hinzugehn,
gleicht dem ungeschaffnen Gang des Schwanen.
Und das Sterben, dieses Nichtmehrfassen
jenes Grunds, auf dem wir täglich stehn,
seinem ängstlichen Sich-Niederlassen
in die Wasser, die ihn sanft empfangen
und die sich, wie glücklich und vergangen
unter ihm zurückziehn, Flut um Flut;
während er, unendlich still und sicher,
immer mündiger und königlicher
und gelassener zu ziehn geruht.[160]

Rilke deutet an, dass Sterben einen Kontrollverlust beinhaltet: der Grund, „auf dem wir täglich stehn", muss für immer verlassen werden. Wer sicher stehen will, bedarf eines stabilen Untergrundes; ja, selbst ein Schwan braucht festen Boden unter sich, um zu Fuß zum Wasser zu kommen. Wasser hingegen ist ein Bild für das Schwankende, das Bodenlose, das keinen Halt gibt und in dessen Tiefen man versinken kann!

Rilke gibt dem Wasser jedoch eine neue Bedeutung, indem er es als jenes Element beschreibt, in dem der Schwan zuhause ist und in dem er sein Wesen in vollendeter Weise entfalten kann! Berührend ist, wie der Dichter dem Weg in den Tod seinen Schrecken nimmt, indem er den Schwan, der sich aufs Wasser wagt, mit dem sterbenden Menschen vergleicht. Darin schwingt der Gedanke mit, dass auch der Mensch sich im Sterben in ein Reich begibt, vor dem er sich nicht zu fürchten braucht. Sterben muss, so gesehen, nicht nur als Kontrollverlust interpretiert werden. Sondern auch als ein Geschehen, in dem man sich jenem Fluss des Lebens anvertraut, der den Sterbenden nicht verschlingt, sondern sanft empfängt – und zuverlässig weiterträgt. In der gelassenen und stolzen Erscheinung des Schwans beschwört Rilke das Bild eines keineswegs angsterfüllten, sondern zuversichtlichen Wechsels in ein anderes Element – in eine andere Welt.

Damit macht der Dichter den Menschen Mut. Es ist der Mut, das „Nichtmehrfassen" dessen, was wir im Leben doch immer im Griff hatten, in Demut und Würde zu akzeptieren, und darauf zu vertrauen, dass etwas anderes an dessen Stelle tritt. Etwas, das uns trägt und uns Halt gibt, auch wenn wir nicht wissen, wohin es uns trägt.
Wie hilfreich kann Dichtung sein, wenn sie unseren Gedanken, die sich so leicht im Kreis drehen, mit neuen, ungewohnten Bildern einen Ausweg eröffnet! Sie gibt uns die Chance, unser Leben und Sterben aus neuer Perspektive zu durchdenken und anders zu durchfühlen.

Nicht jede Form der Unsicherheit in Bezug auf das Sterben muss jedoch schicksalsergeben hingenommen werden. Viele Fragen, die im Zusammenhang damit auftauchen, können durchaus anhand der Erfahrungen jener, die Sterbende begleiten, beantwortet werden.
Auf einige davon möchte ich im folgenden näher eingehen.

- Werde ich bewusst wahrnehmen, dass ich sterbe?
- Werde ich leiden?
- Werde ich Angst haben?
- Wird es ein Kampf oder wird es ein friedvolles Sterben sein?
- Werde ich begleitet oder allein sein?
- Wird es mir gelingen, alles Wichtige vorher geregelt und geklärt zu haben?
- Darf ich mit einem bald Sterbenden über sein Sterben sprechen?
- Wie begleite ich einen Sterbenden am besten?

Werde ich bewusst wahrnehmen, dass ich sterbe?

Es gibt das Lebensende, das den Menschen im Schlaf überrascht, und ein Sterben, das so plötzlich kommt, dass der Betreffende es nicht mehr bewusst wahrnimmt. Sei es, weil der Tod durch unabsehbare äußere Umstände von einem Moment auf den anderen eintritt, man denke nur an schwere Verkehrsunfälle. Oder sei es durch ein körperliches Versagen, das in Sekunden oder Minutenbruchteilen zum Tod führt – z.B. eine Lungenembolie, ein Herzinfarkt oder eine Hirnblutung.
Viele Menschen wünschen sich diese Art von nicht bewusstem Sterben, weil es sie, wie sie hoffen, vor jeder Art von Todesangst bewahren würde. Doch so verlockend dieser Gedanke für viele auch sein mag – in der Regel kann man sich nicht heraussuchen, in welchem Bewusstseinszustand man sein Leben beendet.

Beeindruckend ist allerdings, dass es zu allen Zeiten Menschen gab, die ihren Tod herannahen fühlten und dies ihrer Umgebung auch klar kommunizierten. Immer wieder erzählen mir Angehörige von solchen Erlebnissen. So verabschiedete sich beispielsweise eine noch recht rüstige ältere Tante von ihrer Nichte abends vor dem Schlafengehen mit den Worten: „Ade, heute nacht sterbe ich!" – was diese angesichts des Gesundheitszustandes der Tante nicht wirklich ernst nahm. Doch genau so geschah es! Andere spüren es eher unterbewusst, dass sie sich ihrem Lebensende nähern. Sie treffen Vorkehrungen oder machen Äußerungen, die im Rückblick zumindest auf eine solche Vorahnung schließen lassen. Natürlich kann dieses Zusammentreffen auch purer Zufall sein – hier gibt es wie so oft keine Beweise.

Bei vielen Menschen kündigt sich allerdings das Sterben durch einige deutliche Veränderungen an. Zum einen ist es der immer weiter fortschreitende Verlust von körperlichen Fähigkeiten sowie von Kraft und Vitalität. Damit einhergehend lässt häufig auch der Appetit nach – oder die geistige Präsenz. Die Menschen wirken geistesabwesend oder so, als ob sie sich innerlich schon langsam von der Welt lösen würden.

Ob man im Sterbeprozess selbst noch wahrnimmt, dass man in den letzten Zügen liegt, hängt davon ab, wie klar das Bewusstsein noch ist – oder ob man durch Schmerz- bzw. Beruhigungsmittel sediert (beruhigt) ist.[161]

Irgendwann ist der Sterbende durch das schrittweise Organversagen dann in einem zunehmend weniger wachen, vielmehr eher schläfrig-abwesenden geistigen Zustand, in dem er von seiner Umgebung und seinen eigenen körperlichen Prozessen immer weniger bewusst wahrnimmt.

Was man bei Sterbenden allerdings niemals unterschätzen darf, ist ihr Gehör. Der Hörsinn ist der erste Sinn, der bei einem Kind im Mutterleib erwacht – und es ist der letzte Sinn, der beim Sterben erlischt. Das tiefsinnige Wort „aufhören" spielt darauf an – erst wenn etwas nicht mehr *gehört* wird oder *hörbar* ist, ist es definitiv zu Ende. Deswegen ist ein Sterbender, wie Palliativmediziner betonen,[162] unter Umständen noch durchaus „ansprechbar" – selbst wenn er nicht mehr erkennbar auf unsere Worte zu reagieren vermag.[163]

Werde ich leiden?

Die erfahrene Palliativärztin Claudia Bausewein beobachtet immer wieder, dass Menschen, die „sehr viele Sorgen, Ängste oder Schuldgefühle haben" wesentlich häufiger über quälende Schmerzen klagen als weniger belastete Menschen.[164] Dies zeigt, wie enorm wichtig es ist, sich rechtzeitig, solange noch hilfreiche Gespräche möglich sind, mit diesen Themen zu befassen. Davon abgesehen kann es natürlich bei jedem Sterbeprozess zu Schmerzzuständen kommen, vor allem im Fall von Krebserkrankungen.

Da sowohl die Schmerztherapie als auch die Palliativmedizin in den letzten Jahren jedoch große Fortschritte gemacht haben, müssen Menschen in der Regel während des Sterbeprozesses nicht mehr schwer körperlich leiden.

Allerdings ist wichtig, dass bei ihnen rechtzeitig mit der entsprechenden Medikation begonnen wird.

Die Betreuung unheilbar Kranker und Sterbender hat sich in den letzten Jahrzehnten zu einer eigenständigen medizinischen Fachrichtung mit dem Namen „Palliativmedizin" entwickelt. Das Wort „palliativ" leitet sich von dem lateinischen Wort *pallium* ab. Damit wurde ein mantelartiger Überwurf bezeichnet. Bei der Palliativmedizin steht nicht mehr ein Eingriff bzw. eine Therapie mit dem Ziel einer Heilung des Menschen im Vordergrund, sondern das „lindernde Bedecken" des Unabänderlichen. Das heißt, dass Menschen, deren Krankheit nicht mehr zu heilen ist, mit Maßnahmen unterstützt werden, die der Abmilderung von Schmerzen und Beschwerden aller Art dienen. Das Motto der Palliativmedizin lautet: „Wenn man nichts mehr machen kann, kann man immer noch eine Menge tun."

Zahlreiche lindernden Maßnahmen sind sowohl im Krankenhaus als auch in einem Hospiz oder zuhause inzwischen möglich. In der Tat besteht sogar ein gesetzlicher *Anspruch*, am Lebensende wenn notwendig auch zuhause palliativ betreut zu werden. Damit könnte Menschen Mut gemacht werden, dort zu sterben, wo die Mehrheit der Deutschen auch am liebsten sterben würde, nämlich in ihrer vertrauten Umgebung.[165] Wie viel seelisches Leid jedoch Menschen in der Sterbephase möglicherweise noch erleben, hängt nicht nur davon ab, wie sediert sie sind, sondern auch, ob sie in Frieden gehen können. Dazu später mehr.

Werde ich Angst haben?

Angst setzt voraus, dass man eine Situation als beängstigend wahrnimmt. Wer in einem mentalen Zustand ist, der ein solches Gefühl zulässt, kann selbstverständlich Angst empfinden. Denn ab einem bestimmten Punkt geschieht im Sterben etwas, was der Mensch nicht mehr steuern kann. Und auch wenn man es – man denke an Rilkes Gedicht – durchaus bejahen kann, sich dem Unverfügbaren zu überlassen, so ist es dennoch möglich, im Vorfeld dieses Prozesses Ängste zu haben.
Diese Ängste können zum einen den Menschen gelten, die man zurücklässt: „Lassen sie mich los? Wie kommen sie ohne mich zurecht? Halte ich ihre Trauer in meiner Gegenwart aus?" Zum andern kann sich die Angst auf die eigene Person beziehen: „Wohin gehe ich? Was erwartet mich? Was wird aus mir, wenn ich gestorben bin? Habe ich Wichtiges versäumt, und nun ist es zu spät?" Hier spielt es – wie schon erörtert – eine große Rolle, wie intensiv sich ein Mensch schon vor dem eigentlichen Sterbeprozess mit dem Tod auseinandergesetzt hat. Denn jede Form der Beschäftigung damit bedeutet in irgendeiner Weise auch eine Konfrontation mit der eigenen Angst.
Wer allerdings das Thema Sterben ständig verdrängt, statt sich zu fragen, welche Ängste er dabei in sich spürt, läuft leichter Gefahr, angesichts der Möglichkeit des Todes oder gar im Angesicht des herannahenden Todes von Ängsten geradezu überflutet zu werden. Erst recht, wenn es für hilfreiche und klärende Gespräche zu spät ist. Deshalb ist Verdrängung eine denkbar schlechte Strategie.

Wird es ein Kampf oder ein friedvolles Sterben sein?

Natürlich lässt sich auch diese Frage nicht pauschal beantworten. Doch die Gesamtverfassung des Körpers spiegelt im allgemeinen etwas von der seelischen Gestimmtheit des Sterbenden wider. Und hier gilt: wer seinen Frieden damit machen kann, dass das eigene Leben sich dem Ende zuneigt, dem ist in aller Regel auch ein friedvolles Sterben vergönnt. Das bedeutet: vor dem eigentlichen Sterbeprozess steht die Aufgabe, mit unseren Beziehungen ins reine zu kommen. Diese Herausforderung beinhaltet mehrere Facetten:

- Es gilt, das Ungetane, das wir noch hätten tun sollen oder wollen, anzunehmen.

- Es gilt, manches Unabgeschlossene aus der Hand zu geben oder unabgeschlossen sein zu lassen.

- Es gilt, das Ungesagte, von dem wir spüren, dass wir es noch gern gesagt hätten – oder hätten sagen sollen –, zu akzeptieren.

- Es gilt, alle Verantwortung, alle Pflichten, die unser Leben sinnvoll und bedeutsam machten, abzulegen oder in andere Hände zu geben.

- Es gilt, in Frieden zu kommen mit den Menschen, die uns nahe stehen und uns wichtig sind.

Werde ich begleitet oder allein sein?

Die Antwort auf diese Frage hängt auch davon ab, wie offen man im Vorfeld mit den eigenen Angehörigen über das Sterben gesprochen hat. Menschen, die ihr Lebensende in den Blick nehmen, haben eigentlich ein Recht darauf, dass sie darüber sprechen, denn vor diesem Lebensende sollte in der Regel ja noch einiges besprochen werden, sofern möglich.

Hilfreich ist es auf jeden Fall, wenn derjenige, der sich dem Lebensende nahe fühlt, das Gespräch eröffnet und nicht darauf wartet, dass seine Angehörigen ihn auf den vermutlich demnächst eintretenden Tod ansprechen. Diese haben eine begreifliche Scheu davor, wollen sie dem Todkranken oder Sterbenden doch nicht das Gefühl geben, ihn schon aufgegeben zu haben. Auch derjenige, dem das Lebensende vor Augen steht, hat oft Angst, das Gespräch über seinen bevorstehenden Tod zu initiieren. Er fürchtet, den Gefühlsstürmen seiner Angehörigen mit den nachlassenden eigenen Kräften nicht gewachsen zu sein. Die verständlichen Ängste auf beiden Seiten können zur Folge haben, dass ein offenes Gespräch unterbleibt – obwohl es sich sowohl der sterbende Mensch als auch seine Nächsten möglicherweise sehnlichst wünschen.

Wie viele Sterbende verbringen ihre letzten Tage und Stunden in tiefer innerer Einsamkeit – weil keine Seite es wagt, das Offensichtliche anzusprechen! Darin liegt eine Tragik, welche durch die Anwesenheit eines liebevollen Menschen zwar gelindert, aber nicht aufgehoben werden kann.

Dennoch sollte jeder Sterbende die Wahl haben, ob er in seinen letzten Tagen und Stunden eine ständige Betreuung wünscht oder nicht. Ein Mensch, der den Sterbenden einfühlsam begleitet, vermag diesem ein Halt zu sein, vor allem wenn er dessen stumme Signale richtig deuten kann. Auch die körperliche Berührung kann beruhigend und tröstlich sein.

Falls Angehörige sich die Begleitung eines Sterbenden nicht zutrauen oder falls sie nicht verfügbar sind, können ausgebildete Mitarbeiter von Hospizgruppen diese Aufgabe übernehmen. Allerdings ist dabei zu berücksichtigen, dass nicht jeder Mensch eine ihm möglicherweise fremde Person an seinem Sterbebett haben möchte.

Interessanterweise geschieht es nicht selten, dass ein Sterbender, der rund um die Uhr von Angehörigen betreut wird, just in jenen Stunden oder Minuten für immer die Augen schließt, in denen seine Lieben nicht anwesend sind. Oft führt dies dazu, dass sich die Angehörigen Vorwürfe machen, weil sie den Sterbenden einige Zeit allein gelassen haben. Doch inzwischen weiß man, dass manche Sterbenden, so seltsam es klingt, genau den Zeitpunkt wählen, in dem sie *alleine* sind, um diese Welt zu verlassen. Was könnte der Grund sein? Manchmal spürt ein sterbender Mensch sehr genau, dass seine Angehörigen ihn nicht gehen lassen können oder wollen! Und manchmal dürfte für ihn selbst das Loslassen leichter sein, wenn er alleine ist. Man könnte sagen, dass er dann genau diese Zeitspanne nutzt, um sich von seinen Liebsten und vom Leben zu verabschieden.

Wird es mir gelingen, alles Wichtige vorher geregelt und geklärt zu haben?

Ob uns dies gelingen wird, hängt von mehreren Voraussetzungen ab. Eine der wichtigsten davon ist, sich klarzumachen: Was ist in meinem Fall wichtig zu regeln und zu klären? Was ist für mich als Mensch wichtig, und was für meine Mitmenschen, die ich zurücklasse? Hier empfiehlt es sich, rechtzeitig eine Liste anzulegen und zu notieren, was man bis zu seinem Lebensende noch regeln will oder sollte. An oberster Stelle stehen hier Vollmacht, Testament und Patientenverfügung. Die Frage: „Wer sollte an meiner Stelle entscheiden, wenn ich nicht mehr entscheidungsfähig bin?" ist sehr wichtig und sollte mit den in Frage kommenden Personen offen besprochen werden. Selbst Ehepartner sind dazu nur berechtigt, wenn der Sterbende vorher eine sogenannte Vorsorgevollmacht abgeschlossen hat.

Eine Patientenverfügung ist darüber hinaus notwendig für den Fall, dass man in einen gesundheitlichen Zustand gerät, in dem man sich nicht mehr klar äußern kann. Es erleichtert Ärzten und Angehörigen die Entscheidung, was gegebenenfalls noch getan werden soll. Natürlich wird hier immer wieder der Einwand vorgebracht, dass Menschen, die im Vorfeld festlegten, dass sie bei bestimmten körperlichen Zuständen keine lebensverlängernden Maßnahmen mehr wünschen, in der konkreten Situation möglicherweise doch noch ihre Meinung ändern könnten. Selbstverständlich geht man, wenn man sich schriftlich festlegt, dieses Risiko ein – doch das ge-

genteilige Risiko darf auch nicht geringgeschätzt werden. Es besteht darin, dass man mit allen Mitteln der ärztlichen Kunst noch am Leben gehalten wird, obwohl man eigentlich gerne sterben würde, beispielsweise nach schwerem Schlaganfall. Auch im Fall einer schweren Covid-19-Erkrankung will nicht jeder Mensch intensiv behandelt oder gar künstlich beatmet werden – doch dazu sind die Ärzte verpflichtet, wenn keine anderslautende Patientenverfügung vorliegt. Diese Verfügung sollte allerdings im Lauf der Jahre immer wieder aktualisiert und neu überprüft werden, solange dies noch möglich ist. Hilfreich ist hier natürlich immer die Unterstützung und Beratung eines Menschen, zu dem man Vertrauen hat.

Viele Menschen überlegen sich außerdem, was mit ihrem Besitz geschehen soll. Wenn es mehr als einen Erben gibt, ist ein Testament immer sinnvoll. Auch die Frage, in wessen Hände das eigene Vermögen übergehen soll, wenn keine direkten Nachkommen vorhanden sind, ist rechtzeitig zu bedenken. Wie viel Gutes und Hilfreiches kann man nach seinem Tod noch bewirken durch den Entschluss, eine Stiftung zu gründen oder sein Vermögen wohltätigen und wichtigen Institutionen zu vermachen!

Zu dem Organisatorischen, das zu regeln ist, gehört nicht zuletzt die Frage der Bestattung. Hier können einem die entsprechenden Institute mit Rat und Tat zur Seite stehen. Sehr entlastend ist es für Angehörige, wenn der Verstorbene klar festgelegt hat, wer alles im Fall seines Todes benachrichtigt werden soll, welche Art von Bestattung er wünscht, welche Lieder evtl. gesungen werden sollen

usw. Es sind in der Tat eine Menge an Entscheidungen, die rechtzeitig getroffen werden sollten – auch, um den Angehörigen quälende Ungewissheiten, unnötige Konflikte oder gar lange juristische Prozesse zu ersparen!
Manche Menschen gehen so weit, dass sie schon zu Lebzeiten ihren Haushalt sortieren und vieles weggeben, verschenken oder entsorgen, um ihren Nachkommen möglichst wenig Arbeit bei der späteren Wohnungs- oder Hausauflösung zu machen. Doch das Wichtigste, was Sterbende in ihrem eigenen Interesse rechtzeitig in Angriff nehmen sollten, ist das Verhältnis zu den ihnen nahestehenden Menschen. Viel zu oft habe ich es erlebt, dass alte Menschen es vor sich hergeschoben, ihre Beziehungen in Ordnung zu bringen – was im Klartext bedeutet: Frieden zu machen. Oft warten sie, bis die Stunde schlägt – und nicht selten wundert sich die Umgebung, weshalb diese Menschen so schwer sterben. Sie wollen gehen – und können es nicht, denn etwas hält sie zurück, etwas ist in ihrem Leben noch nicht in Ordnung. Interessanterweise bedeutet das hebräische Wort „Schalom" sowohl „Frieden" als auch „in Ordnung sein". Dahinter verbirgt sich die tiefe Einsicht, dass wir als Menschen von unserer psychischen Disposition her keineswegs auf dauerhaften Konflikt und Streit angelegt sind, sondern auf Harmonie und Verbundenheit.

Unser Leben ist eben *nicht* „in Ordnung", wenn wir häufig wiederkehrend oder für längere Zeit in gestörten und angespannten oder verstummten Beziehungen leben. Wir stehen dadurch bewusst oder unbewusst unter hohem psychischem Stress, der sich über kurz oder lang auch in gesundheitlichen Beeinträchtigungen niederschlägt. Ein praktischer Arzt, der über seine jahrzehntelangen Erfahrungen dazu ein Buch schrieb, gab ihm den bezeichnenden Titel: „Wer gekränkt ist, wird krank"! Dies trifft gewiss häufig zu, doch ist den Betroffenen selten bewusst, dass hier ein klarer Zusammenhang besteht. Ebenso kann es aber auch krank machen, wenn man jemanden verletzt hat, ihm gegenüber womöglich schuldig wurde – und diese Schuld nie bereinigte.

Wer Sterbende begleitet, erlebt es häufig, dass sie noch die Ankunft bestimmter Personen abwarten, bevor sie endgültig die Augen schließen. Manchmal ist mit dieser Ankunft einfach der Wunsch erfüllt, von ihnen noch Abschied nehmen zu können – und sei es nur mit einem Blick oder Händedruck, wenn die Sprache nicht mehr zur Verfügung steht. Oft, allzu oft hoffen die Sterbenden aber auch, dass der Mensch noch am Sterbebett erscheint, mit dem sie in Unfrieden waren – bis zuletzt. Leider erfüllt sich diese Erwartung nur allzu selten.

Warum aber weigern sich viele Menschen in guten Zeiten, wo sie noch genügend Kraft dafür hätten, Frieden zu schaffen? Fast immer, so meine Erfahrung, sind Stolz, Furcht und fehlende Selbstkritik die Ursache: *„Ich* bin nicht schuld! Der oder die andere muss auf *mich* zugehen!" Damit wahrt man das eigene Gesicht, schützt das eigene Selbstbild – doch verhindert auch jede gegenseitige Annäherung. Wenn der oder die andere genauso denkt, verändert sich nichts. Was dies an Belastungen mit sich bringt, habe ich an anderer Stelle ausführlich dargelegt.[166]

Für unser Thema ist wichtig, sich klarzumachen: am Ende des Lebens zählt ganz gewiss nicht mehr Rechthaben oder

Rechtbekommen, sondern Frieden. Und Frieden ist ohne Vergebung und Versöhnung schwer – wenn überhaupt! – zu finden.

VIII. Selbstbestimmtes Sterben

Freiwillig über sein Sterben nachzudenken und eine eigene Position zu finden, halte ich für unabdingbar. Jeder muss selbst für sich entscheiden, welchen Raum er dem Tod in seinem Leben gibt und ob er ab einem gewissen Alter nicht doch zu erwarten ist ... Leichter wird es sicher, wenn der Tod bereits seinen angemessenen Raum im Leben haben darf.
(Sabine Mehne[167])

Wir alle wissen, dass wir diese Welt einmal verlassen müssen. Doch die meisten Menschen überlassen es dem Zufall oder anderen Entscheidungsträgern, wo und wie sie sterben werden. Fragt man die Menschen jedoch nach ihren Wünschen, so sind die Antworten eindeutig: ungefähr zwei Drittel möchten gern daheim sterben, das restliche Drittel würde gern an einem Lieblingsort sterben. Die wenigsten Menschen möchten im Altenheim oder Krankenhaus, ja, nicht einmal im Hospiz sterben.[168] Allerdings sieht die Realität anders aus: Zwei Drittel der Menschen in Deutschland sterben in Krankenhäusern und Altenheimen; nur ungefähr jeder fünfte Mensch hat die Chance, in einem Hospiz oder zuhause sterben zu dürfen.[169] Wunsch und Wirklichkeit klaffen deshalb so extrem auseinander, weil niemand weiß, in welcher geistigen und körperlichen Verfassung er in seiner letzten Lebensphase sein wird. Einen Menschen, der ohne ärztliche Versorgung schwer leiden würde, kann man nicht einfach nach Hause holen. Ebenso ist das Pflegeheim für viele, vor allem demente oder sehr pflegebedürftige Menschen die letzte Lebensstation, die sie gar nicht mehr gegen ein „Zuhause" eintauschen können, weil dies schon lange nicht mehr existiert.

Doch abgesehen von diesen nicht selbst steuerbaren Entwicklungen gibt es viele Männer und Frauen, die sehr wohl noch selbst entscheiden können, wo sie von dieser Welt Abschied nehmen möchten. Es ist zum einen die große Zahl der Kranken, für die es keine Heilung mehr gibt. Und es sind zum anderen jene Menschen, die den Zeitpunkt ihres Todes selbst bestimmen möchten, was nach einem Urteil des Bundesverfassungsgerichtes vom Februar 2020 unter bestimmten Voraussetzungen erlaubt ist.

Wer für sich entscheidet, dass er gern zuhause sterben möchte, sollte dies nicht nur schriftlich in der Patientenverfügung festhalten, sondern er oder sie sollte auch bestimmte Fragen klären, die mit dem sozialen Umfeld zusammenhängen, in dem man lebt.[170] An erster Stelle steht die Frage, ob es auch für die Angehörigen mach- und zumutbar ist, dass ein Mensch bis zum letzten Atemzug daheim bleibt. Denn für die Angehörigen bedeutet dieser Wunsch häufig einen enormen organisatorischen Aufwand, eventuell noch verbunden mit hoher seelischer Belastung.

Bei meiner Bekannten Ingeborg, die wusste, dass sie an einem inoperablen Karzinom erkrankt ist und die zuhause sterben wollte, wurde folgendes organisiert: Eine rumänische Tag- und Nacht-Betreuerin stand der Sterbenskranken bis zum letzten Atemzug bei, unterstützt durch eine umfassende palliativmedizinische Betreuung. Dazu kam die regelmäßige Ablösung der Betreuerin durch Familienangehörige. Mit Hilfe dieses Drei-Säulen-Modells gelang es, der unheilbar Erkrankten ihren Wunsch, daheim sterben zu dürfen, zu erfüllen. Allerdings darf nicht verschwiegen werden, dass dies nur möglich war, weil sich einige Menschen aus Liebe und Verantwortungsgefühl, aber auch weil sie es persönlich so einrichten konnten, enorm engagierten – was man nicht in jedem Fall voraussetzen oder erwarten kann.

Doch neben der Frage, wo man einmal gern sterben würde, stellt sich unter Umständen auch die Frage, wie man einmal sterben möchte. Überlässt man es dem Lauf der Natur oder der ärztlichen Kunst bzw. ärztlichen Entscheidungen, wann die Zeit des Abschieds gekommen ist? Oder möchte man es sich selbst vorbehalten, diesen Zeitpunkt zu bestimmen? In einer aufsehenerregenden Studium-Generale-Vorlesung im Jahr 1994 an der Universität Tübingen vertraten der Theologe Hans Küng und der Literaturwissenschaftler Walter Jens offen die Überzeugung, dass es – unter bestimmten Umständen – einem Menschen erlaubt sein müsse, den Zeitpunkt seines Todes selbst zu bestimmen. Dass es ein Theologe wagte, der geltenden christlichen Doktrin vom „geschenkten Leben", das man nicht eigenmächtig beenden darf, öffentlich zu widersprechen, wurde von vielen Menschen als beeindruckend, von anderen wiederum als fast skandalös empfunden. Wie aber argumentierte der Theologe Hans Küng? Zunächst unterschied er ausdrücklich zwischen einem Recht auf Leben und einem Zwang zum Leben: *"Wahrhaftig, kein Mensch soll gezwungen oder auch nur gedrängt werden, einen Tag oder auch nur eine Stunde früher zu sterben als er will. Doch soll umgekehrt auch kein Mensch gezwungen werden, unter allen Umständen weiterzuleben. Das Recht auf Weiterleben ist keine Pflicht zum Weiterleben, das **Lebensrecht kein Lebenszwang**."*[171]

Den Vorwurf, es sei eigenmächtig, sich selbst das Leben zu nehmen, kontert Küng damit, dass er die Verantwortung für sein Leben nicht an Gott delegieren kann und will, im Gegenteil: *"Wenn das ganze Leben von Gott in die Verantwortung eines Menschen gestellt ist, dann gilt diese Verantwortung auch für die letzte Phase seines Lebens, ja, sie gilt erst recht für den eigentlichen Ernstfall seines Lebens: wenn es ans Sterben geht. Warum sollte gerade diese letzte Phase des Lebens von der Verantwortung ausgenommen sein?"*[172]

In der Tat greift der Mensch ja mit jeder Heilbehandlung, erst recht mit jeder Operation, in den Lauf der Natur ein und übernimmt Verantwortung für seine körperliche Verfassung und seine Gesundheit. Küng hat recht: warum sollte diese Verantwortung am Ende des Lebens mit einem Mal aufhören? Hier denkt er einfach logisch weiter, denn der Mensch bezweckt ja mit vielen ärztlichen Maßnahmen nichts anderes, als seinen körperlichen Verfall bzw. sein körperliches Ableben mit allen verfügbaren Mitteln hinauszuzögern. Denn was zu Jesu Zeit noch nicht möglich war, geschieht in unserer heutigen Hoch-

leistungsmedizin ständig: der sichere Tod wird durch Operationen, Therapien und Medikamente verhindert oder aufgeschoben – manchmal nur um Wochen, manchmal aber auch um viele Jahre.
Küng betont allerdings, dass sein Glaube eine wichtige Rolle für seinen Umgang mit Sterben und Tod spielt: *„Zum menschenwürdigen Sterben gehört auch eine menschenwürdige Verantwortung für das Sterben – nicht aus Misstrauen und Überheblichkeit gegenüber Gott, sondern aus* **unerschütterlichem Vertrauen in Gott**, *der kein Sadist ist, sondern der Barmherzige, dessen Gnade ewig währt."*[173] Dieses Vertrauen schließt auch den Glauben an ein Leben danach mit ein: *„Gerade weil ich davon überzeugt bin, dass mit dem Tod nicht alles aus ist, ist mir nicht so sehr an einer endlosen Verlängerung meines Lebens gelegen – schon gar nicht unter nicht mehr menschenwürdigen Bedingungen."*[174]
Küng macht kein Hehl aus seiner Überzeugung: Man kann sein Leben leichter loslassen, wenn man davon überzeugt ist, dass der Tod die Schwelle zu einer anderen Welt ist. Und man kann diese Schwelle leichter überschreiten, wenn man daran glaubt, dass man in dieser anderen Welt einem gnädigen – und mitnichten einem unbarmherzigen – Gott begegnen wird.
Zur Wahrhaftigkeit, mit der Hans Küng dieses damals und heute durchaus heikle Thema behandelt, gehört, dass er zur Begründung seines Wunsches nach selbstbestimmtem Sterben auch das Schicksal eines seiner Brüder anführt, der an einem Gehirntumor qualvoll zugrunde gegangen war.

Seit dem gemeinsamen Plädoyer von Walter Jens und Hans Küng sind einige Jahre vergangen. Interessant ist, dass beide, sowohl Jens als auch Küng, ihrem Leben nicht selbst ein Ende setzten. Jens starb nach langen Jahren der Demenz. Wie seine Frau Inge Jens bezeugt, gab es in der Anfangsphase seiner Demenz durchaus einen Zeitpunkt, an dem Walter Jens seinem Leben hätte ein Ende setzen können. Doch er verzichtete darauf. Auch Hans Küng, der in den letzten Lebensjahren immer mehr durch eine Parkinson-Erkrankung eingeschränkt war, sah keine Veranlassung, sein irdisches Leben abzukürzen. Bei seiner Trauerfeier im April 2021 betonte der Trauerredner, wie gefasst und gelassen Küng seinem Abschied von dieser Welt entgegengesehen hätte, obwohl ihm gegen Ende seiner Tage sogar das Sprechen fast unmöglich geworden war. Entscheidend für unser Thema ist jedoch, dass Hans Küng es sich und allen anderen Christen ausdrücklich zugestand, den Zeitpunkt ihres Todes nicht in jedem Fall passiv abzuwarten, sondern gegebenenfalls auch selbst zu bestimmen.

Hier scheiden sich allerdings bis heute die Geister, erst recht, seitdem das höchste deutsche Gericht in seinem Urteil vom Februar 2020 betont, dass das Recht auf selbstbestimmtes Leben das Recht auf selbstbestimmtes Sterben miteinschließt. Dieses Recht auf selbstbestimmtes Sterben wiederum *„schließt die Freiheit ein, sich das Leben zu nehmen"* und hierfür auch *„bei Dritten Hilfe zu suchen und Hilfe, soweit sie angeboten wird, in Anspruch zu nehmen."*[175]

Wie aber könnte ein selbstbestimmtes Sterben konkret aussehen? Im Folgenden verzichte ich darauf, verschiedene Möglichkeiten vorzustellen und beschränke mich stattdessen auf eine Methode, die in Deutschland meinem Eindruck nach noch recht wenig bekannt ist. Erst durch die Arbeit und die Publikationen von Sabine Mehne, die ich im Kapitel über Nahtoderfahrungen schon vorstellte, wurde eine breitere Öffentlichkeit auf diese Methode aufmerksam.

Seit ihrer schweren Krebserkrankung im Alter von 38 Jahren muss Sabine Mehne mit zahlreichen gesundheitlichen Beeinträchtigungen leben. Daraus zog sie für sich eine klare Konsequenz: Sie setzte sich, sozusagen noch mitten im Leben, damit auseinander, wann und wie sie einmal sterben möchte. Warum? Ihre Antwort ist unmissverständlich: Die Selbstbestimmung über ihren eigenen Körper ist ihr nach unzähligen medizinischen Behandlungen so wichtig geworden, dass sie entschlossen ist, sich für den Rest ihres Lebens keinen *lebensverlängernden* Maßnahmen und Eingriffen mehr zu unterziehen. Dies gilt auch für den Fall, dass es ihr aus medizinischer Sicht ausdrücklich empfohlen würde. Das bedeutet: Sabine Mehne will bewusst *nicht* alle Möglichkeiten ausreizen, um ihr Leben zu verlängern. Stattdessen möchte sie auf eine aus ihrer Sicht würdevolle Art und Weise aus dem Leben scheiden, wenn sie die Zeit für gekommen hält.

Nachdem ich Sabine Mehne in einer Gesprächsrunde im Fernsehen erlebt und mich die ruhige und sichere Art beeindruckt hatte, in der sie über ihre schwere Krebserkrankung sowie über ihre Absicht, selbstbestimmt zu sterben, gesprochen hatte, befasste ich mich eingehend mit ihrem Buch „Ich sterbe, wie *ich* will – Meine Entscheidung zum Sterbefasten."[176] In diesem Werk verknüpft Mehne ihre persönliche Biographie mit einer sehr sachlichen Darstellung der Sterbemethode ihrer Wahl, des sogenannten Sterbefastens. Man nimmt der Verfasserin ab, dass sie keineswegs irgendjemanden zu dieser Art des Sterbens überreden möchte. Ebenso macht sie immer wieder deutlich, dass ihre Entscheidung zum Sterbefasten mit ihrem bisher gelebten Leben aufs engste verknüpft ist. Anders gesagt: dieser Entschluss ist nicht übertragbar. Jeder Mensch muss für sich selbst wissen, ob und inwieweit er die Möglichkeiten der Medizin in Anspruch nimmt, um sein Leben so lange wie möglich auszudehnen, sei es auch um den Preis erheblicher Einschränkungen der Lebensqualität. Was Sabine Mehne jedoch – wie Hans Küng – weitergeben möchte, ist ihre Überzeugung: Jeder Mensch *darf* auch für sich selbst entscheiden, wann er seinem Leben keine Spanne mehr zusetzen möchte, um eine Formulierung Jesu zu gebrauchen.

Sabine Mehnes schwere Operationen liegen inzwischen schon über 25 Jahre zurück. Jahre, die sie nutzte, um möglichst viele Menschen an ihren eigenen Erfahrungen und Gedanken zum Thema Sterben und Tod teilhaben zu lassen. Dabei hat sie vor allem ein Bestreben: Sie will die Menschen dazu ermutigen, sich rechtzeitig mit der Frage ihres Sterbens auseinanderzusetzen.

Zu diesem Zweck beschreibt sie in ihrem Buch zunächst ausführlich ihre eigene Krankheitsgeschichte, die sie als frischgebackene Mutter dreier Kinder sozusagen kalt erwischte. Ihr Überlebenswille speiste sich, wie sie schreibt,

sehr stark aus dem Wunsch, ihre Kinder noch großziehen zu können: *"Die Entscheidung für die Therapie und für das Leben habe ich aus Liebe getroffen, mit Hilfe meines Verstandes, für meinen Mann und unsere drei Kinder. Das Ziel, sie zu beschützen und zu begleiten, bis sie erwachsene Menschen sind, haben wir nun alle gemeinsam erreicht".*[177]
Doch Mehne macht kein Hehl daraus, dass die damit verbundenen körperlichen und seelischen Anstrengungen immens waren. Sie notiert, mittlerweile knapp über sechzig Jahre alt: *"Als mir im Sommer 2017 dämmerte, dass sich meine Zeit auf diesem Planeten zu Ende neigt, wusste ich auf einmal ganz klar, dass mein Maß an Tapferkeit zu 90% aufgebraucht war ... Diese übrigen 10 % an Tapferkeit reichen also für mich niemals aus, um alt zu werden, denn alt werden bedeutet lange leben."*[178]
Deshalb, so fährt sie fort, *"habe ich eine sehr ungewöhnliche Entscheidung getroffen: Ich möchte keine medizinischen Eingriffe mehr in Anspruch nehmen. Ich möchte niemals mehr in ein Krankenhaus ... Bevor ich noch einmal auf Medizin angewiesen sein werde oder von selbst spüre, dass meine Zeit gekommen ist – was ich mir zutraue, so gut wie ich mich kenne –, höre ich ‚einfach' auf zu essen und zu trinken. Ich finde diese Möglichkeit, bewusst und in Würde mit einem für mich guten Sterbeprozess aus dem Leben zu scheiden, optimal."*[179] Was ihr diese Entscheidung zusätzlich zu ihrer persönlichen Krankheitsgeschichte immens erleichtert, ist die Nahtoderfahrung, die sie im Jahr 1995 hatte. *"Ich kenne"*, so schreibt sie, *"viele Menschen mit ähnlichen Erfahrungen. Eines haben wir alle gemeinsam: Wir haben die Angst vor dem Sterben und dem Tod verloren."* Warum? Weil ihre Nahtoderfahrung in ihr die

Überzeugung festigte, dass sie im Sterben „nach Hause" kommen wird, dorthin „*wo ich schon mal gewesen bin, lange bevor ich auf diese Welt gekommen bin. Das heißt für mich ganz klar: Nach dem Tod ist nicht alles aus! Mein Körper wird sterben, denn er ist ja auch verbraucht … Aber etwas von mir bleibt unzerstörbar bestehen. Ich ‚wechsle nur die Räume'…*".[180]
Sabine Mehne informierte sich gründlich über die Methode des Sterbefastens, bevor sie ihre Entscheidung traf. Auch mit dem Einwand, dass Sterbefasten einem „*Eingreifen in Gottes Plan*" gleichkäme und deshalb aus christlicher Sicht eine „*sündhafte Entscheidung*"[181] sei, setzt sie sich intensiv auseinander und befragt einige Theologen. Sie gestehen ihr die Freiheit zu dieser Entscheidung zu, denn, so zitiert Mehne, „*wir seien freie Menschen und dürften diese Freiheit leben, solange wir andere Menschen mit unserem Tun nicht in Lebensgefahr bringen oder massiv schädigen würden.*"[182] Und wenn es in der Freiheit des Menschen liegt, „*durch die Mittel der Medizin Krankheiten zu bezwingen und das Leben zu verlängern*", warum sollte es dann nicht auch sein Recht sein, das Leben „*in Selbstbestimmung in die Hand des Schöpfers zurückzulegen*"?[183] Hier treffen sich Mehnes und Küngs Gedanken.

Nachdem Sabine Mehne ihre Entscheidung getroffen hat, bespricht sie den Entschluss mit ihrem Mann und ihren drei Kindern. Auch einigen Freundinnen und Freunden, die sie für belastbar genug hält, teilt sie ihr Vorhaben mit. Für ihre restliche Lebenszeit sieht Mehne eine klare Aufgabe: Sie möchte ihre eigenen Erfahrungen mit anderen Menschen teilen und ihnen Mut zusprechen: „*Das möchte*

ich auch mit diesem Buch noch wagen und mit meinem eigenen Beispiel aufzeigen, dass wir den Tod ins Leben holen müssen und mutig auf ihn zugehen sollten ... Für mich ist nicht die Zahl der gelebten Jahre von Bedeutung. Sondern das, was ich mit der Zeit angestellt habe ... Und einen in meinen Augen guten Tod sterben zu dürfen, zähle ich für mich zur größten Lebensaufgabe, die noch vor mir liegt."[184]
In den folgenden Kapiteln ihres Buches erörtert Mehne sachlich, was in Hinblick auf Sterben und Tod alles zu ordnen, zu veranlassen und zu bedenken ist. Die Tipps reichen vom Ordnung schaffen in der eigenen Wohnung über ein „Vermächtnis an die Kinder" bis zur genauen Planung, wie die „letzte große Reise" ablaufen soll. Dabei bedenkt die Autorin eine Vielzahl an Möglichkeiten und Eventualitäten und gibt konkrete Hinweise auf Hilfsangebote, wenn man sich für den Weg des Sterbefastens entscheiden sollte. Nicht zuletzt ist es für sie selbstverständlich, alles zu regeln, was sich hinsichtlich ihrer Bestattung samt Trauerfeier im Vorhinein regeln lässt.[185]

Ich selbst habe das Sterbefasten bei meiner Bekannten Ingeborg miterlebt, der von den Ärzten mitgeteilt wurde, dass sie an einem unheilbaren Karzinom leide und nicht operiert werden könne. Allenfalls könne Chemotherapie den Verlauf noch etwas aufhalten. Nach einigen chemotherapeutischen Zyklen verschlechterte sich der Zustand meiner Bekannten jedoch sehr. Palliativmedizinische Betreuung war nun angesagt. In geistig vollkommen klarer Verfassung teilte die Sterbende eines Tages ihrer Umgebung mit, dass sie hinfort auf Essen und Trinken verzichten werde. „Wenn ich schon sterben muss", sagte sie entschlossen zu mir, „möchte ich nicht länger als nötig darauf warten." Sie wusste durch unsere Gespräche, in denen sie meine Sicht als Theologin von mir erfahren wollte, dass ich ihre Entscheidung auf jeden Fall verstehen und respektieren würde. Ihre einzige Bitte war, sie ausreichend mit schmerzstillenden Medikamenten zu versorgen, was im Rahmen der palliativen Betreuung gewährleistet war. Bald schon trübte sich ihr Bewusstsein ein, Erinnerungen aus der Kindheit in den letzten Kriegsjahren mit teilweise heftigen Emotionen überwältigten die Sterbende immer wieder. Am Ende, nach ungefähr zwei bis drei Wochen, schlief sie friedlich ein.

Fazit:

Wer eine Methode des selbstbestimmten Sterbens wählt, sollte auf jeden Fall diese Entscheidung vor seinen Angehörigen nicht verheimlichen, sondern sie mutig und offen mit ihnen besprechen. Dies gebieten der Respekt und die Liebe den Menschen gegenüber, die zurückbleiben und mit dem Verlust leben müssen. Andererseits sollten diese Angehörigen es auch respektieren, dass jeder Mensch das Recht auf seinen eigenen Tod hat und nicht unter Druck gesetzt werden darf, um seiner Angehörigen willen länger, als er möchte, zu leben.

IX. Umgang mit Trauernden

Wir werden erst dann wissen, wie leicht oder schwer wir uns mit dem Sterben tun, wenn es so weit sein wird...
Von einem sind wir aber überzeugt: Die Auseinandersetzung mit dem Tod, dem Sterben und der eigenen Endlichkeit – und der der anderen – ist auf jeden Fall hilfreich.

(Claudia Bausewein[186])

„*Welches Geschenk, gute, wirklich gute Freunde im Leben zu haben, die auch den Tod nicht fürchten und in der Lage sind, ihre eigenen Gefühle ehrlich zu zeigen*", schrieb Sabine Mehne im Februar 2019 nach einer anstrengenden Untersuchung in ihr Tagebuch. Auch die Mutter von Isabell Zachert betonte, wie wichtig gute Freunde und Freundinnen für sie waren, um die Zeit der Krankheit ihrer Tochter, aber auch die Trauer um deren Tod nicht alleine bewältigen zu müssen: „*Mir ist noch nie in meinem Leben der Wert einer Großfamilie und die Bedeutung von Freunden so bewusst gewesen. Aber gepflegt und aufgebaut haben muss man die Freundschaft vorher. Den Wert einzelner Freunde erkennt man in einer so schweren Situation klar und in Sekundenschnelle, wie unter einem Blitzlicht...*".[187] Besonders der letzte Satz deutet allerdings an, dass nicht alle Freunde und Freundinnen der Herausforderung gewachsen sind, mit sterbenden oder trauernden Menschen umzugehen.

Der Grund dafür liegt nicht in der Qualität der Freundschaft; man kann nicht pauschal unterstellen, dass diejenigen schlechte Freunde oder falsche Freunde wären, die sich nach dem Tod eines Menschen von dessen Angehörigen zurückziehen. Im Falle einer schweren Krankheit beginnt der Rückzug des sozialen Umfelds meist sogar schon früher – nämlich dann, wenn es immer offensichtlicher wird, dass keine Heilung mehr zu erhoffen ist.
Was aber sind die Gründe dafür, dass selbst nahestehende und vertraute Menschen plötzlich auf Distanz gehen, wenn der Tod ins Leben eines Freundes, Kollegen, oder einer Bekannten tritt? Wie kann es sein, dass Männer oder Frauen, mit denen man sich bis dahin herzlich verbunden fühlte, einem plötzlich ausweichen und den Kontakt meiden, wenn man einen tragischen Krankheits- oder Todesfall zu bewältigen hat? Ist es nicht widersinnig, dass Menschen uns gerade dann allein lassen, wenn wir sie ganz dringend brauchen würden?
Mir fällt dazu eine Gedichtzeile ein, die ich vor vielen Jahren einmal las:

Etwas, an dem man sich festhalten könnte,
meinetwegen Stacheldraht,
ach, wer das hätte: eine Stütze.

Wer diese Worte schrieb, weiß ich nicht mehr, doch was mich erschütterte, war der Gedanke: Wie hilfsbedürftig oder verzweifelt muss jemand sein, dass er sogar bereit wäre, in Stacheldraht zu greifen – nur um so etwas wie einen Halt zu haben?

Heute weiß ich: Gerade im Leid ist der Mensch zutiefst angewiesen auf Mitmenschen, die ihn begleiten, ihn nicht allein lassen. Doch gerade dann machen sie sich oft rar und enthalten ihren Mitmenschen das vor, was diese am dringendsten benötigen: Nähe, Mitgefühl, Geduld. Stattdessen verlangt das soziale Umfeld von Trauernden oft, dass diese so rasch wie möglich zur Normalität zurückkehren. Denn wenn sie möglichst wenig von ihrer Trauer nach außen zeigen, ermöglichen sie ihrer Umgebung, sich mit ihrem Leid nicht beschäftigen zu müssen.

Wie kann man so gleichgültig, so kaltherzig, so egoistisch sein? Wer so denkt, sollte sich klarmachen: Es ist nicht unbedingt Gleichgültigkeit, schon gar nicht seelische Grausamkeit, die dazu führt, dass Menschen – manchmal auch solche, von denen wir es niemals gedacht hätten – sich im Trauerfall zurückziehen. Dass sie ausweichen, fernbleiben, schweigen. Oder dass sie, wenn sie kommen, von allem möglichen reden, nur nicht von dem verstorbenen Menschen.

Der Grund für dieses Verhalten liegt darin, dass Menschen vor allem in *Stresssituationen* extrem von ihren Gefühlen beherrscht werden. Das bedeutet: Die Gefühle sind es, die dann unser Denken und Verhalten steuern – nicht der Verstand, schon gar nicht die reflektierte Empathie.

Vor allem zwei intensive Gefühle dominieren, wenn Menschen in unserer Umgebung tief trauern: Unsicherheit und Hilflosigkeit.

Die Unsicherheit oder Scheu, die wir einer tief trauernden Person gegenüber spontan empfinden, kann mehrere Ursachen haben:

- Wir empfinden Angst vor der eigenen Angst vor dem Tod – eine Angst, die man im Alltag möglicherweise erfolgreich verdrängt.

- Es macht uns Angst, daran zu denken, dass wir selbst ebenfalls jederzeit einen Menschen durch den Tod verlieren können.

- Wir empfinden Angst vor der emotionalen Belastung, die durch den Kontakt mit einem trauernden Menschen entsteht.

- Wir empfinden Angst vor der eigenen Hilflosigkeit und Unsicherheit und versuchen diese zu vermeiden, indem wir dem Trauernden ausweichen.

Gleichgültig, welche dieser Ängste für uns die größte Rolle spielt, eines steht fest: Wenn wir uns vor der Beschäftigung mit dem Thema Sterben und Tod fürchten, werden wir mit Sicherheit auch Schwierigkeiten haben, Trauernden im Freundes-, Bekannten- oder Kollegenkreis beizustehen. Es fehlt uns ein Programm, wie wir dieser Herausforderung begegnen können.
Mit dem Begriff „Programm" meine ich kein Rezept, das pauschal bei jeder Art von Trauerfall angewandt werden könnte. Es geht stattdessen um einen inneren Leitfaden, vergleichbar einem Geländer, das Halt verleiht und an dem man sich entlangtasten kann. Es gibt viele Kurse, in denen bestimmte Situationen durchgespielt werden, um solche Programme oder Leitfäden zu vermitteln, man denke nur an Erste-Hilfe-Kurse, oder Kurse zu sicherem

Auftreten, Kurse über Gruppenleitung und vieles mehr. Immer ist es das Lernziel, in einer ungewohnten oder schwierigen Situation ruhig Blut zu bewahren und besonnen sowie situationsgerecht zu reagieren.

Dies gilt auch für den Trauerfall. Es genügt keinesfalls, sich mit dem Thema Sterben und Tod erst dann zu beschäftigen, wenn man ihm nicht mehr ausweichen kann – im Gegenteil, gerade dann ist man meist hoffnungslos überfordert. Klüger und vorausschauender ist es stattdessen – und indem Sie dieses Buch lesen, sind Sie im Begriff, genau dies zu tun –, sich schon vor der Konfrontation mit dem Ernstfall mit dem Thema Tod und Sterben auseinanderzusetzen, um ihm in der akuten Situation weniger hilflos, vielleicht sogar gelassener zu begegnen.[188]

Grundsätzlich ist es verständlich, dass Menschen sich vor Gefühlen von Angst und Hilflosigkeit fürchten. Schließlich gehört es zu den stärksten menschlichen Stressfaktoren, sich in einer Situation machtlos und überfordert zu fühlen. Viele Studien zur Stressforschung belegen, dass es nicht die Situationen und Erlebnisse selbst sind, die Menschen unter Stress setzen, sondern dass es ihr subjektives Empfinden ist, dieser Situation nicht gewachsen zu sein.
Mein wichtigster Lehrer im Psychologiestudium, Prof. Niels Birbaumer, der sich intensiv mit dem Thema Stress und gesundheitliche Folgen befasst hatte, lehrte uns: *„Solange Sie eine schwierige Situation als Herausforderung erleben, werden Sie nicht zwangsläufig krank, auch wenn die Bewältigung sehr anstrengend ist. Doch sobald Sie diese Si-*

tuation als Überforderung erleben, werden gesundheitliche Folgen längerfristig nicht ausbleiben."[189]
Dieses Gefühl der Überforderung überwältigt uns, wenn wir kein Skript, sprich: keinen Plan, keine Idee, keine Handlungsanweisung dafür haben, wie wir mit etwas umgehen können. Sei es, weil uns die dafür notwendigen Kenntnisse fehlen, sei es, weil es uns an persönlicher Übung und Erfahrung – oder schlichtweg an Mut und Phantasie – mangelt, so dass wir schnell mit unserem Latein am Ende sind.
Ich spreche hier nicht von einer speziellen Fachkompetenz, sondern vom Vertrauen in die eigene Fähigkeit, einer Situation gewachsen zu sein. Es gibt Menschen, die sich in fast jeder Lebenslage irgendwie zu helfen wissen – oder zumindest davon überzeugt sind, dass sie sich helfen *könnten*. Und es gibt andere, die relativ schnell verzagt die Flinte ins Korn werfen, weil sie zu wenig Selbstvertrauen besitzen – manchmal allerdings auch, weil sie zu bequem sind und zu wenig *gelernt* haben, sich anzustrengen, anstatt schnell aufzugeben.
Belastbarkeit entsteht dadurch, dass wir uns belasten – das gilt auch für unsere zwischenmenschlichen Beziehungen. Wer sich hier nur von seinen Gefühlen leiten lässt, wird allem Belastenden bewusst oder unbewusst aus dem Weg gehen, denn unser Emotionssystem signalisiert in solchen Fällen immer: Achtung! Unangenehm! Anstrengend! Lieber meiden!

Es gehört jedoch zum reifen Menschen, dass er seine Gefühle zwar wahrnimmt und durchaus auch ernstnimmt, sich von ihnen jedoch nicht *beherrschen* lässt. Stattdessen setzt eine reife Person ihren Intellekt ein, um abzuwägen, bevor sie eine Entscheidung trifft. Denn vorwiegend gefühlsgesteuerte Entscheidungen haben einen gravierenden Nachteil: Sie dienen in der Regel unserem *kurzfristigen* Wohl oder Vorteil. Wer hingegen langfristig denken, handeln oder planen möchte, darf deshalb auf keinen Fall allein auf seine Emotionen achten.

Das gleiche gilt für Menschen, die zwar nicht dem Trauernden, wohl aber einem Gespräch über seine Situation ausweichen. Auch sie praktizieren ein gefühlsgesteuertes Vermeidungsverhalten. *Kurzfristig* ist ein derartiges Verhalten ohne Zweifel entlastend, denn damit wird Unangenehmes umgangen. Man hat das Problem erst einmal vom Tisch. *Langfristig* sind vermeidende Verhaltensweisen jedoch meist ein Bumerang bzw. eine tickende Zeitbombe, weil sie das Problem vertiefen und verschärfen, anstatt es zu lösen.

Natürlich gibt es auch Menschen, die den Kontakt mit Trauernden oder Leidtragenden bewusst vermeiden, weil sie sich selbst nicht mit fremdem Kummer belasten wollen. Ein solches Verhalten ist schlichtweg egoistisch; das heißt, dass solche Menschen denkbar schlecht zur Freundschaft oder gar für eine Partnerschaft geeignet sind. Doch dieser Egoismus ist darüber hinaus auch kurzsichtig, denn nichts schafft langfristig mehr Nähe und Vertrauen als die Bereitschaft, auch Leid und Kummer mit einem anderen Menschen zu teilen oder mitzutragen. Es trifft durchaus zu, was die Dichterin Marie von Ebner-Eschenbach (1830–1916) einst bemerkte: *„Egoistisches*

Leben erntet, was es vermeiden will: Einsamkeit und Leere."
Egoisten gehen zwar mit leichtem Gepäck, könnte man auch sagen, doch sie gehen über kurz oder lang – allein. Ganz bestimmt sind die meisten Menschen, die den Umgang mit Trauernden scheuen, innerlich hilflos und unsicher. Häufig führen sie, darauf angesprochen, für ihr ausweichendes Verhalten folgende Begründungen ins Feld:

- Ich weiß nicht, was ich zu dem trauernden Menschen sagen soll.

- Ich habe Angst, den trauernden Menschen mit meinen Worten zu verletzen, das heißt, etwas Falsches zu sagen.

- Ich habe Angst, dass mein Gegenüber in Tränen ausbricht, wenn wir über sein Leid sprechen.

- Ich weiß nicht, wie ich einen trauernden Menschen trösten kann.

All diese Gründe haben ihre Berechtigung. Es gibt ohne Zweifel viel Falsches, was man zu einem trauernden Menschen sagen kann. Ich könnte eine kleine Sammlung von alles andere als tröstlichen Äußerungen herausgeben, die Trauernde von ihren überforderten Mitmenschen zu hören bekamen. Nur fünf Beispiele seien genannt:

- *„Du bist ja noch jung, du kannst nochmal heiraten"* – Äußerung gegenüber einer Frau, die nach kurzer Ehe auf tragische Weise ihren Mann verloren hatte.
- *„Du hast ja noch ein paar Kinder"* – Kommentar gegenüber einer Mutter, die einen Sohn verloren hatte.
- *„Jetzt hast du es doch auch leichter!"* – Äußerung gegenüber einer Frau, deren pflegebedürftige Mutter gestorben war.
- *„Lieber ein Ende mit Schrecken als ein Schrecken ohne Ende!"* – Kommentar gegenüber einem Mann, dessen depressive Frau sich das Leben genommen hatte.
- *„Ich verstehe ja, dass du traurig bist, aber kannst du das Bild nicht wo anders aufhängen?"* – Frage einer Frau an ihre Freundin, die wenige Monate zuvor ihren Sohn durch einen Unfall verloren und im Esszimmer ein Foto von ihm aufgehängt hatte.

Die Mehrzahl derer, die sich so äußerten, hofften vermutlich, mit ihren Worten so etwas wie Trost zu vermitteln – doch für die Empfänger waren diese Kommentare sehr verletzend. Sie spürten kein Mitgefühl, sondern eher den Wunsch ihres Gegenübers, den Schmerz des Trauernden mit einem Trostpflaster quasi abzudecken – als ob es sich bei diesem Schmerz um einen kleinen Kratzer handeln würde und nicht um eine tiefe Wunde, die nur langsam heilt.

Vier Fragen legen sich nach dem bisher Gesagten nahe:

- Was bedeutet Trost?
- Welche Worte sind einem Trauernden gegenüber hilfreich – und welche nicht?
- Wie kann man auf Tränen angemessen reagieren?
- Wie kann man einem Trauernden aktiv beistehen?

Was bedeutet Trost?

Die Grundbedeutung des Wortes „Trost" ist: „innere Festigkeit". Das Wort ist sprachlich eng verwandt mit dem Wort „(ver)trauen", englisch: *trust*. In der Tat: wer vertrauen kann, bekommt dadurch seelische Stabilität. Sinn und Zweck des Tröstens liegt folglich darin, einem Menschen Kraft zu geben, der durch eine tiefe seelische Wunde seine innere Energie und Stabilität verloren hat – zumindest für einige Zeit.

Das Wesentliche beim Trösten ist in diesem Sinn kein emotionales Bemitleiden und kein rationales Beschwichtigen oder Erklären. Es ist die Bereitschaft zur seelischen Nähe, die dem anderen die Möglichkeit gibt, zumindest für einige Zeit Halt bei einem anderen Menschen zu finden. Das setzt jedoch voraus, dass wir, wenn wir trösten, uns dem Trauernden bewusst zuwenden, ja, dass wir ihm nahe treten. Denn wenn die trauernde Person ihre Hand ausstreckt, um unsere Hand zu ergreifen, so ist sie darauf angewiesen, dass wir in Reichweite sind.

Wer sich allerdings eher davor fürchtet, anderen Menschen zu nahe zu treten, wird deshalb schwerlich echten Trost schenken können. Die innere und äußere Distanz, die er oder sie einnimmt, ermöglicht keine wirkliche Nähe, die ja die Voraussetzung für Vertrauen ist. Wer tröstet, steht dem anderen bei, das heißt: er steht *neben ihm, ihm zur Seite*. Ein Einsatz des ganzen Menschen mit Körper, Geist und Seele ist gefordert.

Welche Worte sind einem Trauernden gegenüber möglicherweise hilfreich – und welche nicht?

Beginnen wir damit, welche Art von Äußerungen nicht hilfreich sind:

- Worte, welche die Vorteile der Situation betonen, die dem Trauernden möglicherweise durch den Verlust entstehen: *„Jetzt bist du nicht mehr so angebunden!"*

- Äußerungen, welche die negativen Seiten des Verstorbenen betonen, um dem Trauernden die Vorteile seines Verlustes vor Augen zu führen: *„Dein Mann hat dich doch immer so bevormundet, nun kannst du endlich machen, was du willst!"*

- Worte, mit denen versucht wird, den Verlust in seiner Schwere zu bagatellisieren: *„Er hatte ja schon ein schönes Alter!"*

- Vergleiche, bei denen man das Schicksal des Trauernden als „immer noch besser" als das vieler anderer darstellt: *„Deine Schwester hat ihren Mann viel früher verloren als du!"*

- Hinweise, die auf materielle Tröstungen verweisen: *„Immerhin hat er dir ein schönes Vermögen hinterlassen, du musst dir keine finanziellen Sorgen machen!"*

- Äußerungen, die den Schmerz des Verlustes mit biblischen Zitaten dämpfen wollen: *„Denk immer daran: Alles vermag ich durch den, der mich stärkt."* (Phil 4,13)

- Andere Zitate, mit denen der Schmerz gedämpft werden soll: *„Wen die Götter lieben, den lassen sie jung sterben!"*[190]

- Phrasen und Binsenweisheiten: *„So ist der Lauf der Welt."* – *„Alles hat ein Ende."* – *„Nach jedem Ende kommt ein neuer Anfang..."*.

Hilfreich sind hingegen Worte immer dann...

- Wenn sie Verständnis für den Schmerz und die Trauer des Gegenübers signalisieren: *„Mir würde es ähnlich gehen, ich wäre auch am Boden zerstört!"*

- Wenn sie versuchen, den Schmerz des Trauernden stellvertretend in Worte zu fassen: *„Es ist so unwirklich, dass dieser Mensch plötzlich einfach nicht mehr da ist!"*

- Wenn sie versuchen, die Liebe, die der Trauernde dem Verstorbenen gegenüber empfand, auszudrücken: *„Du hattest ein sehr inniges Verhältnis zu deiner Mutter, das hat man gespürt."*

- Wenn sie die eigene Sprachlosigkeit oder Hilflosigkeit zum Ausdruck bringen: *„Ich weiß gar nicht, was ich sagen soll, ich bin einfach sprachlos."*

- Wenn sie deutlich machen, welche Wertschätzung man dem Gestorbenen entgegenbrachte: *„Ich habe ihn sehr gerne gehabt."* – *„Sie hat auch mir viel bedeutet."*

- Wenn sie positive Erinnerungen an den verlorenen Menschen zur Sprache bringen: *„Es war immer so anregend, wenn Dein Mann in unserer Runde dabei war"*.

Wie kann man auf Tränen angemessen reagieren?

Ein pragmatischer Rat findet sich in einem Brief des Apostels Paulus: *„Freut euch mit den Fröhlichen und weint mit den Weinenden!"* (Röm 12,15). Damit ist nicht gemeint, dass man die Stimmungslage seines Gegenübers einfach imitiert. Stattdessen zielt die Empfehlung des Paulus tiefer: Wir sollen uns um ein seelisches Mitschwingen bemühen, man könnte auch sagen: Wir sollen die Anstrengung bewusster Empathie auf uns nehmen.
Es gibt eine spontane, angeborene Fähigkeit zum Mitgefühl, die schon bei sehr kleinen Kindern beobachtet wer-

den kann, beispielsweise wenn ein anderes Kind weint oder sich weh tut. Diese Form der Empathie basiert auf spezialisierten Nervenzellen im Gehirn, sogenannten Spiegelneuronen, die unwillkürlich bei bestimmten Anlässen in Aktion treten. Doch neben diesem spontanen, quasi unreflektierten Mitgefühl gibt es auch eine willentliche, auf intensiver geistiger Aktivität beruhende Empathie. Sie setzt voraus, dass man Wissen und Erfahrung auf jeweils individuelle Weise verknüpft, um sich auf das Erleben und Empfinden des trauernden Menschen einzulassen. Nur da, wo der Mensch Resonanz erfährt, erlebt er sich selbst als lebendig. Er lebt auf, er wächst und entfaltet sich durch den Widerhall, den er empfängt. Wir wissen heute, dass Kinder sich seelisch nur gesund entwickeln, wenn es wenigstens einen Menschen in ihrem unmittelbaren Umfeld gibt, der bereit und in der Lage ist, sensibel und mitschwingend auf ihre Signale und Gefühle einzugehen. Doch auch der Erwachsene ist auf Resonanzerfahrungen angewiesen. Besonders in seelisch geschwächtem oder verletztem Zustand bedarf der Mensch ganz dringend eines Mitmenschen, der ihn in seiner Verfassung annimmt, ernstnimmt und ein Stück weit auch erträgt. Die angemessene Reaktion auf Tränen ist deshalb in aller Regel: sie zuzulassen und Mitgefühl auszudrücken, sei es mit Worten oder mit Gesten. Wichtig ist, dem Weinenden nicht das Gefühl zu geben, dass er sich seiner Tränen schämen müsste oder dass man selbst diese Tränen peinlich fände.

Meine Erfahrung ist, dass ruhiges Akzeptieren von Tränen meist sehr schnell dazu führt, dass der Tränenfluss wieder aufhört – sowohl bei Kindern als auch bei Erwachsenen. In haltloses Schluchzen geht Weinen meist nur dann über, wenn entweder Tränen lange unterdrückt wurden, oder wenn das Gegenüber nicht angemessen reagiert, sondern ausweicht!

Wie kann man einem Trauernden aktiv beistehen?

Das anschauliche Wort „beistehen" macht das wesentliche schon deutlich: es geht vor allem um ein Da-Sein, genauer gesagt: um die Bereitschaft, den Trauernden nicht alleine zu lassen. Trauer braucht Zeit und Raum, und beides erfordert natürlich auch ungestörtes Alleinsein. Doch nicht zufällig lautet ein geflügeltes Sprichwort „Geteiltes Leid ist halbes Leid". Leid zu teilen setzt voraus, dass jemand da ist, der es mitträgt. Man kann den Schmerz eines Verlustes nicht vermindern, indem man einem Menschen beisteht, aber man kann ihm helfen, diesen Schmerz auszuhalten, ihn zu ertragen. Die bloße Anwesenheit eines anderen vermag es, wie wir alle aus schwierigen Situationen wissen, uns Ruhe und Kraft zu spenden. Zu spüren, dass man nicht allein ist, sondern dass da jemand ist, der die eigene Schwäche und Trauer respektiert und aushält, ist schon tröstend.
Doch darüber hinaus ist es auf jeden Fall hilfreich, wenn man einen trauernden Menschen aktiviert, denn dazu fehlt ihm oft selbst die Kraft. Es müssen keine großen und anspruchsvollen Unternehmungen sein; oft genügt ein regelmäßiger gemeinsamer Spaziergang oder ein gemeinsam zubereitetes Essen. Jede Art von körperlicher

und geistiger Betätigung ist wünschenswert, wobei es sich oft empfiehlt, mit dem Trauernden einen möglichst regelmäßigen Termin zu vereinbaren. Denn alles Regelmäßige verlangt zum einen eine gewisse Selbstdisziplin, und gibt zum anderen dem Tag oder der Woche eine Struktur.

Einem Trauernden aktiv beizustehen, kann konkret bedeuten:

- Ihm Gesellschaft leisten, einen Besuch machen

- Regelmäßig mit dem Trauernden etwas tun, was beiden Freude macht (Kochen, Musizieren, Spielen, Basteln …)

- Gemeinsam sportlich aktiv sein, Spazierengehen, ans Grab gehen

- Zusammen Veranstaltungen aller Art besuchen; in Gruppen oder Kreise gehen

- Wenn gewünscht: über die Trauer oder den verstorbenen Menschen sprechen, gemeinsam Fotos anschauen usw.

All diese Aktivitäten haben nicht das Ziel, den Prozess des Trauerns abzukürzen oder zu unterdrücken. „Als wär's ein Stück von mir"[191] – so wird der Verlust eines geliebten Menschen empfunden. Der Riss, der entsteht, wenn ein

Teil von uns plötzlich fehlt, ist tief – je nachdem, wie wichtig der verstorbene Mensch für unser seelisches Gleichgewicht und unsere eigene Lebensqualität war. Es kann einfach nicht sein, dass sich dieser Riss schnell wieder schließt. Heilung benötigt Zeit – doch wir alle können zu dieser Heilung etwas beitragen.

Denn jede Form der Zuwendung, der Nähe, der Anteilnahme ist Nahrung für die Seele. Durch Trauer geschwächte Menschen sollten auf keinen Fall den Fehler machen, sich von der Umwelt zurückzuziehen und ohne jede Ablenkung gewissermaßen im eigenen Schmerz zu versinken. Das ist zwar bequem, weil man sich allein vollkommen gehen lassen kann, aber es ist nicht klug. Wer über den Moment hinaus denkt, in dem man meint, für nichts und niemanden außer für sich selbst Kraft zu haben, der weiß: Der Schmerz wird nicht weniger, wenn wir uns nur auf uns selbst konzentrieren. Im Gegenteil. Gerade die Bereitschaft, sich trotz eigener Trauer auch auf andere Menschen einzulassen, ihre Gesellschaft nicht zu meiden, kann uns Kraft geben, die Trauer auszuhalten und den inneren Verarbeitungsprozess zu unterstützen.

Es ist absolut legitim, dass Trauernde immer wieder Zeiten des Alleinseins benötigen – so wie jeder nicht trauernde und jeder kreative Mensch auch. Nicht zuletzt empfiehlt es sich für Trauernde, darauf zu achten, dass sie andere Menschen nicht mit dem eigenen Leid zu sehr belasten und womöglich überfordern. Dennoch gilt: Sie sollten sich nicht zu sehr und zu lange von der Gemeinschaft mit anderen fernzuhalten. Mit einer Einschränkung: Kein Trauernder muss sich mit Menschen abgeben, die nicht fähig sind, mit seiner Trauer umzugehen. Hier darf er durchaus – zumindest für einige Zeit – den Kontakt minimieren.

Den goldenen Mittelweg zu finden ist zugegebenermaßen nicht ganz leicht. Ein Beispiel: Ein Mann, der seine Frau nach langer Krankheit verloren hatte, wurde zwei Monate später zu einem Treffen im kleinen Kreis vertrauter Freunde eingeladen. Er sagte ab mit der Begründung, er sei noch zu sehr mit sich selbst beschäftigt. Dies mag der Wahrheit entsprechen, doch war diesem Mann offenbar nicht klar, dass ein ständiges Kreisen um sich selbst, wie es bei fehlender Ablenkung fast zwangsläufig entsteht, der eigenen Psyche keineswegs zuträglich ist. Im Gegenteil, es wäre für den trauernden Witwer eine Chance gewesen, einmal den Kokon seines Schmerzes zu verlassen und sich wieder auf andere Menschen mit anderen Themen einzulassen. Mag sein, dass die Einladung zu früh kam, denn jeder Mensch hat sein eigenes Tempo bei der Bewältigung eines Verlustes, doch möglicherweise hat dieser Mann auch schlichtweg eine Gelegenheit verpasst, in der Gemeinschaft mit anderen Menschen Kraft zu tanken.

Fazit:

Ohne Zweifel ist es immer ein seelischer Kraftakt, auf andere Menschen zuzugehen, sich auf sie einzulassen. Das gilt für den Trauernden ebenso wie für den Nichttrauernden – und für den, der Trauernde begleitet. Doch der Aufwand lohnt sich in jedem Fall, denn was ist beglückender, als Leben zu teilen, dem Leben zu dienen, es zu schützen, zu gestalten und zu nähren. Gerade weil unser Leben zerbrechlich und endlich ist, ist es unsere Aufgabe, darüber nachzudenken, wie wir es gestalten wollen. Meine Antwort lautet: Lebe so, dass andere dich vermissen werden, wenn du stirbst, aber dass du deinen eigenen Tod nicht fürchten musst. Dann wird dein Leben nicht nur ausgefüllt, sondern vielmehr erfüllt sein – egal, wie lange es währt. Denn das ist es, was am Ende zählt.

Und egal ob Ihnen, liebe Leserin und lieber Leser, ein langes oder weniger langes Leben beschieden sein sollte – mein Wunsch ist, dass Sie wie der inzwischen 95jährige Tübinger Theologe Jürgen Moltmann sagen können: „... Ich habe den ziemlich gewissen Eindruck: Wir werden erwartet."[192]

Nachwort und Dank

Ich kann nicht behaupten, dass es mir leicht gefallen wäre, ein Buch über das Thema „Umgang mit Sterben und Tod" zu schreiben. So lange ich zurückdenken kann, war es mir unbegreiflich und, ja, auch unheimlich, dass ein Mensch, der doch heute noch sprach, lachte, mich anschaute und sich bewegte... – dass dieser Mensch morgen schon nicht mehr am Leben sein kann. Und dass mit diesem Tod alles ins Grab sinkt, was er an Wissen, Können und Erfahrung, an Originalität, Charakter und Persönlichkeit auf eine unverwechselbare Weise in seinem Leben angesammelt und aufgebaut hatte.

Ich wurde in den Jahren meiner Arbeit im Dienst der Kirche mit weit über hundert Verstorbenen konfrontiert, die ich zu bestatten hatte. Bis heute begleite ich alte und hochbetagte Männer und Frauen, denen ich in Freundschaft verbunden bin und die wissen, dass ihr Lebensende in immer greifbarere Nähe rückt. Nicht selten werde ich von ihnen gefragt, ob ich bereit bin, die Traueransprache bei ihrer Bestattung zu halten. Zur Vor- und Nachbereitung dieses Abschieds gehört selbstverständlich das intensive Gespräch mit den Angehörigen dazu. Auch von ihnen lernte und lerne ich eine Menge, was den Umgang mit Sterben und Tod betraf, und vor allem lernte ich, mich diesem schwierigen Thema und der Art und Weise, wie damit umgegangen wird, immer wieder aufs Neue zu stellen.

Dieses Buch wäre nicht entstanden ohne die Unterstützung von Menschen, die sich nicht scheuen, mit mir über die Endlichkeit unseres Lebens zu sprechen und ihre Ängste und Hoffnungen, ihre Erfahrungen und Erlebnisse mit mir zu teilen. Ich danke ihnen allen.

Viel lernte und lerne ich auch von meinen Enkeln Freya, Richard und Carl-Christian, die mir zeigen, wie unbefangen, aber auch ernsthaft und kritisch Kinder sich mit Sterben und Tod sowie der Überlegung, was dann noch kommen könnte, auseinandersetzen – sofern wir Erwachsenen dies aushalten und ihnen ehrlich Rede und Antwort stehen.

Es ist mir ein Anliegen, ganz besonders *Dorothea Keuler, Dr. Gertraude Ralle, Ruth Bührle, Ute Bäuerle* und *Alfons Häußler* zu danken, die mein Buchmanuskript vor der Drucklegung gelesen und mir wertvolle Rückmeldungen gegeben haben.

Ebenso danke ich meiner Lektorin Frau Dr. Karina Jung sowie dem Verlag für die gleichermaßen konziliante wie unkomplizierte Zusammenarbeit.

Nicht zuletzt wäre dieses Buch nicht entstanden ohne meinen Mann Ernst-Werner Briese, der mir mit seiner unendlichen Geduld, seiner tapferen Aufgeschlossenheit und seiner hohen Sensibilität für dieses Thema eine unersetzliche Hilfe war.

Anmerkungen

1 In der wissenschaftlichen Psychologie wird zwischen den Begriffen „Angst" und „Furcht" unterschieden. Angst wird anders definiert als Furcht. Im folgenden Buch werde ich die beiden Begriffe, wie auch in der Umgangssprache üblich, ohne diese Unterscheidung gebrauchen.

2 In: Trostbriefe, hg. von Otto Heuschele, Kassel 1940, S. 82.

3 Goethe, Das Leben, es ist gut, Frankfurt 1997, S. 165.

4 SCM-Verlag, 15. Auflage 2019.

5 Leipzig 1905, Frankfurt a.M. 1981.

6 Wilhelm Busch, Kritisch-Allzukritisches, Frankfurt 1974.

7 Vgl. dazu mein Buch: Wertschätzung als Haltung, Camino-Verlag 2019.

8 Trostbriefe, a.a.O., S. 23. Mozart (1756–1791) schrieb dies in einem Brief an seinen Vater; er war damals 31 Jahre alt.

9 Als im Jahr 1817 endlich wieder eine Ernte eingefahren werden konnte, beschloss die württembergische Regierung, im darauffolgenden Jahr ein Fest auf dem „Cannstatter Wasen" zu feiern. Dies war die Geburt des „Landwirtschaftlichen Hauptfestes", das bis heute dort gefeiert wird.

10 Besonders bekannt wurde er in Baden-Württemberg durch sein Gedicht „Der reichste Fürst", in dem Graf Eberhard betont, dass er zwar über keine großen Schätze verfüge, aber sein Haupt vertrauensvoll „jedem Untertan in Schoß" legen könne!

11 Heute wird das Gift auch als Heilmittel eingesetzt – etwa bei Muskelkrämpfen, Schlaganfällen oder Bewegungsstörungen. Die amerikanische Firma Allergan verdient Milliarden mit diesem Gift, das als „Botox" weltweit gespritzt wird, um die Anzeichen des Alters aus den Gesichtern zu verbannen: „Faltenglättung" heißt das Zauberwort.

12 Einer der häufigsten Anlässe war das sogenannte „Kindbettfieber". Seine Ursache lag in mangelnder Hygiene, in deren Folge Bakterien in den Blutkreislauf der Mutter eindrangen und rasch zu einer Blutvergiftung führten. Der österreichische Arzt Ignaz Semmelweis (1818–1865), erkannte die Ursachen, doch zu seiner

tiefen Enttäuschung lehnte die Fachwelt seine bahnbrechenden Thesen rundweg ab. Es dauerte noch Jahrzehnte, bis „Sepsis" als Ursache des tragischen Todes so vieler Wöchnerinnen akzeptiert war – und effektiv bekämpft wurde.

13 Manfred Vasold, Grippe, Pest und Cholera, Stuttgart 2010, S. 9f.

14 Ebd., S.244. Eine Ursache für die hohe Todesrate war mit Sicherheit auch das geschwächte Immunsystem vieler Menschen am Ende des verlust- und entbehrungsreichen Krieges.

15 Cavergno liegt 29 km nordwestlich von Locarno im Maggiatal.

16 Gemeint ist das Jahr 1890.

17 Dorthin wanderten viele arme Tessiner aus.

18 Nicht Anfang und nicht Ende, Zürich, 6. Auflage 1997, S.101f.

19 Die fieberhafte Suche von weit über 100 Forscherteams in aller Welt nach einem Impfstoff gegen dasjenige unter den Coronaviren, das die gefürchtete Krankheit SARS-Covid-19 auslösen kann, macht den hohen wissenschaftlichen Standard deutlich, an dem die Menschheit inzwischen angelangt ist.

20 Ottmar Hinz, Wilhelm Hauff, Hamburg 1989, S.144.

21 Wie schwer dieser Verlust für den 13jährigen Georg Wilhelm Friedrich war, zeigt eine Notiz in einem seiner Briefe über 40 Jahre später an die Schwester Christiane: „Heute ist der Jahrestag des Todes unserer Mutter, den ich immer im Gedächtnis behalte."

22 Bezeichnend ist, dass der Bundespräsident Walter Scheel, der dieses Lied durch seine Gesangsinterpretation im Jahr 1973 sehr bekannt machte, diese letzte Strophe wegließ – sie wurde schon damals offenbar als den Menschen nicht mehr zumutbar angesehen!

23 Media vita in morte sumus – wörtlich: Mitten im Leben sind wir im Tod. Dies ist der Beginn eines gregorianischen Chorals aus dem 11. Jahrhundert.

24 Eine Altenheimseelsorgerin der württembergischen Landeskirche protestierte und zog vor Gericht, weil sie sich dem Besuchsverbot des Landes nicht beugen wollte.

25 Dietrich Niethammer, Wenn ein Kind schwer krank ist, Berlin 2010, S. 22.

26 Eric-Emmanuel Schmitt, Oskar und die Dame in Rosa, Frankfurt 2005, S. 10.

27 A.a.O., S. 18.

28 A.a.O., S. 65ff.
29 A.a.O., S. 27.
30 A.a.O., S. 85.
31 A.a.O., S. 104.
32 A.a.O., S. 104f.
33 Bergisch-Gladbach 1993.
34 Heute, rund vierzig Jahre später, würde Isabell vermutlich unzählige Telefonate per Handy führen. Die Kontaktpflege wäre ungeheuer leicht geworden – doch es wären möglicherweise keinerlei schriftliche Zeugnisse von ihr übriggeblieben.
35 Wir sehn uns wieder in meinem Paradies, S. 34.
36 A.a.O., S. 38.
37 A.a.O., S. 57.
38 A.a.O., S. 58.
39 A.a.O., S. 59.
40 A.a.O., S. 65.
41 A.a.O., S. 66f.
42 A.a.O., S. 68f.
43 A.a.O., S. 81f.
44 A.a.O., S. 132.
45 A.a.O., S. 142.
46 A.a.O., S. 168.
47 A.a.O., S. 210.
48 Berlin 2010.
49 Niethammer, S. 12.
50 A.a.O., S. 13.
51 A.a.O., S. 17.
52 A.a.O., S. 25.
53 A.a.O., S. 45.
54 A.a.O., S. 34.
55 Marianne Oesterreicher (Hg.), Dann lebt man anders..., Freiburg 2003, S. 188.
56 Schwäbisches Tagblatt, 14.3.2020.

57 Wen diese Arbeit näher interessiert, dem sei der packende Bericht des britischen Neurochirurgen Henry Marsh empfohlen: „Um Leben und Tod", München 2015.

58 Es erschien im Jahr 2012 unter dem Titel „Proof of heaven" in den USA und ein Jahr später unter dem Titel „Blick in die Ewigkeit" in Deutschland.

59 „Es war die eigenartigste, schönste Welt, die ich je gesehen hatte. Großartig, lebendig, ekstatisch, atemberaubend." A.a.O., S. 60.

60 Nach seiner Genesung fand Alexander heraus, dass es seine leibliche Schwester war, von der er nur ein Foto besaß, da er, als Baby zur Adoption freigegeben, sie nie kennengelernt hatte.

61 A.a.O., S. 104.

62 A.a.O., S. 211.

63 A.a.O., S. 210.

64 A.a.o., S. 119.

65 A.a.O., S. 206.

66 Vgl. Albert Einsteins Aussage: „Wissenschaft ohne Religion ist lahm, Religion ohne Wissenschaft blind."

67 A.a.O., S. 216.

68 A.a.O., S. 145.

69 A.a.O., S. 174.

70 A.a.O., S. 184.

71 Ebd., S. 196 und S. 201.

72 Ebd., S. 229.

73 Joachim Nicolay (Hg.), Ein Gehen ins Licht, Kevelaer 2017, S. 137.

74 Ebd., S. 139.

75 Darüber schrieb sie sogar ein Buch: „Der große Abflug", Ostfildern 2016, außerdem berichtete sie in der Sendung „Nachtcafé" am 25.10.2019 über ihre Erfahrung und die Konsequenzen, die sie daraus zog.

76 Ebd., S. 140f.

77 Ebd., S. 144.

78 Nicolay, Ein Gehen ins Licht, a.a.O., S. 7ff.

79 Ebd., S. 36.

80 Ebd., S. 48.
81 Ebd., S. 51.
82 Ebd., S. 54f.
83 Ebd., S. 67.
84 Friedrich Nietzsche, Die fröhliche Wissenschaft, München 1978, S. 120.
85 Ebd., S. 69.
86 Ebd., S. 86.1
87 Ebd., S. 88.
88 Nicolay, A.a.O., S .90.
89 Nicolay, a.a.O., S. 152.
90 Ebd., S. 159f.
91 Ebd., S. 159.
92 Ebd., S. 154f.
93 Ebd., S. 141.
94 Ebd., S. 166.
95 Menschenwürdig Sterben, München 1995, S. 25.
96 Marianne Oesterreicher (Hg.), a.a.O., S..98f.
97 Nicolay, a.a.O., S. 203.
98 Vgl. dazu mein Buch: Wertschätzung als Haltung – Gut mit sich und anderen umgehen, Stuttgart 2019, in dem ich diese Form der bedingungslosen Liebe beschreibe.
99 Nicolay, a.a.O., S. 208.
100 Das berührende Lied „Tears in heaven" von Eric Clapton, in dem er sich an seinen bei einem Sturz vom Balkon gestorbenen kleinen Sohn wendet, benutzt den Ausdruck für jene überirdische Sphäre, in der, so hofft der trauernde Vater, sich sein Kind jetzt befindet.
101 Peter Noll, Diktate über Sterben und Tod, München 1989.
102 Ebd., S. 34f.
103 A.a.O., S. 81f.
104 Ausgefüllte Zeit ist vergleichbar mit Nahrung, die zwar den Magen füllt und vorübergehend satt macht, aber nicht jene Nährstoffe enthält, die Körper und Geist benötigen, um gesund und belastbar zu bleiben. Dies ist bei erfüllter Zeit der Fall – sie ist nicht

nur Zeitvertreib, sondern füllt den Menschen auch seelisch aus, gibt ihm Freude, tiefe Zufriedenheit und Sinnerfahrung.

105 Ebd., S. 115.
106 Ebd., S. 117.
107 Ebd., S. 238.
108 Ebd., S. 244.
109 Ebd., S .284.
110 München 2015.
111 5 Dinge, die Sterbende am meisten bereuen, München 2015, S. 61ff.
112 Ebd., S. 156.
113 A.a.o., S. 156.
114 Ebd., S. 165.
115 Vgl. Beate Weingardt, Faszination Körpersprache, SCM-Verlag, 4. Aufl. 2016.
116 Ebd., S. 229.
117 Vgl. Beate Weingardt, Freundschaft macht glücklich, SCM-Verlag, 3. Aufl. 2018.
118 Bronnie Ware, a.a.O., S. 231. Vgl. Beate Weingardt, Ein Mann, (k)ein Wort – Warum Männer nicht über Gefühle reden und Frauen sich nicht damit abfinden.
119 Wiederholte Zurückweisungen können allerdings ein Ansporn sein, sich mit der eigenen Wirkung auf andere Menschen sowie den eigenen Erwartungen intensiver auseinanderzusetzen.
120 Bronnie Ware, S. 240f.
121 A.a.O., S. 265f.
122 Ebd., S. 281.
123 Ebd., S. 282.
124 Claudia Bausewein, 99 Fragen an den Tod, München 2020, S. 25.
125 Walter Jens/Hans Küng, Menschenwürdig sterben, a.a.O., S. 33.
126 Hier liegt ein Widerspruch zu der schon zuvor erfolgten Feststellung Gottes vor, dass der Mensch vom Erdboden stammt und zu ihm zurückkehrt (vgl. Gen 3,19), was zeigt, dass die Erzählung mehrfach ergänzt und überarbeitet wurde.

127 Man bezeichnet Geschichten, die einen Tatbestand – in dem Fall den Tod – erklären sollen, als Ätiologien. Der geringe Unterschied zwischen Gott und Mensch wird im Übrigen auch in Ps 8,6 betont: „Du hast ihn (den Menschen) wenig geringer gemacht als Gott".

128 Deshalb ist die Behauptung von Paulus, der Tod sei „der Lohn der Sünde" (Röm 6,23) höchst fragwürdig, zumal in der Paradieserzählung das Wort Sünde an keiner Stelle auftaucht.

129 Es stammt vermutlich aus dem 4. oder 3. Jahrhundert vor Christus.

130 Vgl. auch Spr 19,23; 22,4 und 28,10.

131 „Denn stark wie der Tod ist die Liebe" heißt es im Hohelied 8,6.

132 Als theologische Antwort auf die politisch immer machtlosere Lage des jüdischen Volkes, das von einer Großmacht nach der anderen besetzt und beherrscht wurde, entwickelte sich die literarische Gattung der Apokalypsen, die Gottes Handeln mit seinem Volk an das „Ende der Zeiten" verlagerte. Dazu gehören auch Teile des Danielbuches.

133 Das Danielbuch wurde im 2. Jahrhundert vor Christus verfasst

134 So bezeichnet es Bernd Janowski, Anthropologie des Alten Testaments, Tübingen 2019, S. 89ff.

135 Das Buch Jiob im Alten Testament, das diesem Denken eine klare Absage erteilt, hatte sich im jüdischen Denken, so gesehen, nicht durchgesetzt.

136 Vgl. Lukas 13,4.

137 Der zweite Teil der Antwort ist typisch für die Theologie des Johannes: Jesus soll dadurch, dass der den Blinden heilt, das Handeln Gottes an ihm sichtbar machen, sprich: Jesus soll an ihm seine Vollmacht demonstrieren.

138 Der Apostel Paulus – auch er war im jüdischen Glauben aufgewachsen und ausgebildet – hat diesen Dualismus leider aufgegriffen und weitergeführt, indem er den Glauben an Jesus zum alleinentscheidenden Kriterium für Gottes Urteil erklärte. Diese Fixierung auf den Glauben „an" Jesus steht in direktem Widerspruch zu zahlreichen Aussagen im Matthäusevangelium, in denen betont wird, dass die Früchte, sprich: das praktische Verhalten des Menschen für Gottes Urteil entscheidend sein wird.

139 Der Versuch der katholischen Kirche, die ewige Verdammnis durch allerlei Abstufungen etwas gerechter zu gestalten, ist verständlich, hat aber keine biblische Grundlage.

140 Vgl. Lk 15,11-32.

142 Mit dieser Aussage betont Jesus die besondere Verantwortung, die mächtige Menschen gegenüber schwachen, rechtlosen Menschen haben – eine Verantwortung, die auch von den Propheten des Alten Testaments häufig betont wird.

143 Chorazin, Betsaida und Kafarnaum waren Ortschaften, in denen Jesus offenbar aufgetreten war, ohne die von ihm erwartete Resonanz bekommen zu haben. Tyrus und Sidon waren heidnische Städte an der Küste. Die Unterwelt symbolisiert hier den Ort, an den die Gottlosen kommen.

143 Hans Küng, Ewiges Leben?, München 1982, S. 138.

144 Ebd., S. 138.

145 Ebd., S. 139.

146 Ebd., S. 140.

147 Da Jesus die Menschen laut den Synoptikern nicht zum Glauben an ihn, sondern zur Nachfolge aufgefordert hat, was ein ständiges Unterwegssein bedeutete, fühle ich mich mit meinem Glaubensverständnis dem Anspruch Jesu sehr nahe.

148 Zit. in Werner Hehl: Matthias Claudius, Stuttgart. 1981, S. 63.

149 Im Original steht statt „auskommen" das Verb „raten". Es bedeutet ursprünglich: sich etwas überlegen, Vorsorge treffen.

150 Im Original steht hier „weil", das ursprünglich auch „während" bedeutete.

151 Küng, Ewiges Leben, a.a.O., S. 79.

152 Claudia Bausewein, 99 Fragen an den Tod, a.a.O., S. 254.

153 Die Interpretin war Monica Morell, anzuhören unter https://www.youtube.com/watch?v=hrl22w2Riu8

154 C. Bausewein, a.a.O., S. 50.

155 Meine Bekannte war Mitglied in dem theologischen Gesprächskreis, den ich anbiete.

156 Ute Latendorf, Zur letzten Ruhe, Buxtehude, 2. Aufl. 2021.

157 Das hebräische Wort für „Engel" bedeutet übersetzt „Bote", griechisch: angelos. Daraus hat sich unser deutsches Wort „Engel" abgeleitet.

158 Beide Bilder erinnerten mich an die Erlebnisse, die der Arzt Eben Alexander in seinem Buch über seine Nahtoderfahrungen beschrieben hat, vgl. Kap. 4.

159 Eine Freundin wies mich allerdings darauf hin, dass es entsprechende „Selbsterfahrungsgruppen" in den 80er Jahren schon gegeben hätte.
160 Neue Gedichte, Frankfurt 1977, S. 38.
161 Das Verb „sedieren" leitet sich von Sedativum = „schmerzlinderndes, beruhigendes Mittel" ab.
162 Claudia Bausewein/ Rainer Simader, 99 Fragen an den Tod, München 2020.
163 Ein Beispiel: Eine Frau erzählte mir einmal, sie seien am Sterbebett der Großmutter gesessen und hätten nach deren Tod gemeinsam ein Vaterunser gesprochen. Als sie beim Ende angelangt waren, hätte die vermeintlich Verstorbene plötzlich laut und deutlich „Amen!" gesagt.
164 A.a.O., S. 138.
165 Nach einer Umfrage des Dt. Hospiz- und Palliativ-Verbands aus dem Jahr 2017 möchten 58% der Befragten zuhause sterben. Quelle: Internet: Bevölkerungsbefragung „Sterben in Deutschland – Wissen und Einstellungen".
166 Vgl. mein Buch: Das verzeih ich dir (nie) – Kränkungen überwinden, Beziehungen erneuern.
167 Sabine Mehne, Ich sterbe, wie ich will, a.a.O., S. 43.
168 Wobei es in Bezug auf Hospize auch sehr viel Unkenntnis gibt, denn tatsächlich sind sie fast immer ein wunderbarer Ort, um sich vom Leben zu verabschieden.
169 Vgl. Claudia Bausewein, a.a.O., S. 87f. Noch vor 20 Jahren, so schreibt sie, starb immerhin rund die Hälfte der Bevölkerung zuhause.
170 Näheres dazu: C. Bausewein, a.a.O., S. 105ff.
171 Hans Küng, Menschenwürdig leben, aaO., S.61f.
172 Ebd., S. 72.
173 Ebd., S. 74.
174 Ebd., S. 73.
175 Bundesverfassungsgericht, Urteil vom 26.02.2020.
176 München 2019.
177 Sabine Mehne, Ich sterbe, wie ich will, a.a.O., S. 63f.
178 Ebd., S. 61f. Im Jahr 2021 lebte Sabine Mehne erfreulicherweise noch.

179 Ebd., S. 15.
180 Ebd., S. 80.
181 Ebd., S. 76.
182 Ebd., S. 76.
183 Ebd., S. 77.
184 Ebd., S. 128f.
185 Während der Abfassung dieses Buches war Sabine Mehnes Homepage zu entnehmen, dass sie alle offiziellen Aufgaben, die sie bis dahin noch wahrgenommen hatte, „aus gesundheitlichen Gründen" abgegeben hatte; sie wurde in diesem Jahr 64 Jahre alt.
186 A.a.O., S. 128.
187 Christel Zachert, a.a.O., S. 38.
188 Eine gute Hilfe dazu sind beispielsweise – neben Lektüre und Gesprächen – sogenannte „Letzte-Hilfe-Kurse", die in immer mehr Einrichtungen der Erwachsenenbildung angeboten werden.
189 Zur Vertiefung: Beate Weingardt, „Was die Seele bewegt, bewegt auch den Körper".
190 Zitat von dem römischen Dichter Titus Maccius Plautus.
191 Aus dem Gedicht „Ich hatt' einen Kameraden" von Ludwig Uhland.
192 In: Marianne Oesterreicher (Hg.), Dann lebt man anders…, Freiburg 2003, S. 154.

Literaturliste – Auswahl

- Alexander, Eben: Blick in die Ewigkeit. München 2016
- Bausewein, Claudia und Simader, Rainer: 99 Fragen an den Tod, München 2020
- Carl, Heinz-Ulrich: Plötzlich und unerwartet. Erinnerungen an Andreas, der viel zu früh von uns ging. Neuhausen-Stuttgart 1986
- Fels, Ludwig: Der Himmel war eine große Gegenwart. Ein Abschied. München/Zürich 1992
- Fuld, Werner: Dies sind nun also die letzten Zeilen… - Die letzten Briefe großer Persönlichkeiten. Frankfurt am Main, 2007
- Gehrke, Claudia und Sellier, Stephanie: Konkursbuch 56: Tod. Tübingen 2021
- Hampe, Johann Christoph: Sterben ist doch ganz anders. Suttgart 1980
- Heuschele, Otto (Hg.): Trostbriefe. Kassel 1956
- Ide, Helga: Mein Kind ist tot.Reinbek bei Hamburg, 1988
- Jens, Walter und Küng, Hans: Menschenwürdig sterben. Ein Plädoyer für Selbstverantwortung. München/Zürich 1995
- Jüngel, Eberhard: Tod. Gütersloh 1985
- Kessler, Hans: Was kommt nach dem Tod? Kevelaer, 2014

- Küng, Hans: Ewiges Leben? München/Zürich 1984
- Latendorf, Ute: Zur letzten Ruhe. Buxtehude 2020
- Lütz, Manfred: LebensLust. München 2002
- Marias, Javier: Die sterblich Verliebten. Roman. Frankfurt am Main, 2013
- Mehne, Sabine: Ich sterbe, wie ich will. Meine Entscheidung zum Sterbefasten. München 2019
- Nicolay, Joachim (Hg.): Ein Gehen ins Licht. Nahtoderfahrungen. Kevelaer 2017
- Niethammer, Dietrich: Wenn ein Kind schwer krank ist. Über den Umgang mit der Wahrheit. Berlin 2010
- Noll, Peter: Diktate über Sterben & Tod. München/Zürich 1989
- Oesterreicher, Marianne (Hg.): Dann lebt man anders… 22 Gespräche über Zeit und Ewigkeit. Freiburg 2003
- Paus, Ansgar (Hg.): Grenzerfahrung Tod. Frankfurt am Main 1978
- Renz, Monika: Hinübergehen. Was beim Sterben geschieht. Freiburg 2016
- Rosa, Hartmut: Resonanz. Berlin 2016
- Schmidt, Ina: Über die Vergänglichkeit. Eine Philosophie des Abschieds. Hamburg 2019
- Schmitt, Eric-Emmanuel: Oskar und die Dame in Rosa. Frankfurt am Main, 15. Auflage 2018
- Van Eersel, Patrice: Sterben - Der Weg in ein neues Leben. Bern-München-Wien 1986

- Von Mangoldt, Ursula: Der Tod als Antwort auf das Leben. München 1957
- Ware, Bronnie: 5 Dinge, die Sterbende am meisten bereuen. München 2015
- Weingardt, Beate M.: Das verzeih ich dir (nie)! – Kränkungen überwinden, Beziehungen erneuern. Holzgerlingen, 9. Aufl. 2019
- Weingardt, Beate M.: Freundschaft macht glücklich. Warum wir Weggefährten brauchen. Holzgerlingen 2018
- Weingardt, Beate M.: Was die Seele bewegt, bewegt auch den Körper, Holzgerlingen, 4.Aufl.2019
- Weingardt, Beate M.: Wie konnt` ich nur…!? – Die Herausforderung, sich immer wieder selbst zu verzeihen. Gießen 2010 (nur noch bei Verfasserin erhältlich)
- Weingardt, Beate M.: Wertschätzung als Haltung. Gut mit sich und anderen umgehen. Stuttgart 2018
- Zachert, Christel und Isabell: Wir treffen uns wieder in meinem Paradies. Bergisch Gladbach 1993
- Zöller, Ursula (Hg.): Die Zukunft unseres Lebens. Aschaffenburg 1991

Weitere Informationen zur Autorin und ihren Büchern unter: www.beate-weingardt.de